ZATERDAG

Youp van 't Hek

ZATERDAG

THOMAS RAP – VAN MIEREVELDSTRAAT 1,
AMSTERDAM

Voor Gloria Wantzing

WAT & HOE

Columnisten moeten geen vakantie houden. Dan gebeurt het namelijk.

Neem de afgelopen maanden: Pamperseks in Zandvoort, Clinton en Lewinsky, de Ajax-directeur die een Feyenoordkind verwekt, Viagra, epo, De Broertjes en ga zo maar door.

Ik had de redactie beloofd om twee maanden mijn pen dicht te houden, maar een paar keer heb ik op het punt gestaan om te bellen met de vraag of ik alsjeblieft weer mocht. De vakantie was toch een ramp. Wat een herfst! Lekker weg in eigen land, noemen ze dat. Daarom hebben mijn vrouw en ik onszelf getrakteerd op een weekje Andalusië en dwarrelen we op dit moment door de snikhitte van het prachtige Sevilla. Wat een verpletterend mooie stad. En kenners hebben ons gewaarschuwd dat Granada nog mooier is.

Het grootste probleem is ons Spaans, dat werkelijk allerbelabberdst is. We behelpen ons met zo'n *Wat & Hoe zeg ik het in het Spaans*-boekje. Zo bladeren we een maaltijd bij elkaar en eten vervolgens dingen die we misschien wel besteld, maar niet bedoeld hebben.

Die *Wat & Hoe*-boekjes zijn overigens wel een leuk tijdverdrijf, zeker als je bij 40 graden Celsius leest: 'Leuk skipak'! Dit valt onder het hoofdstuk *Contacten leggen*, maar volgens mij is de beginregel 'Leuk skipak!' te oubollig en te achterhaald voor woorden. 'Heb je paddo's bij je?' lijkt me actueler en 'Geile tattoo!' zit ook iets dichter bij de werkelijkheid.

Toch gaat het boekje ook al weer verder dan in mijn jeugd. Toen kwam men niet verder dan: 'Weet u hier een postkantoor?' of 'Kunt u mij de dichtstbijzijnde supermarkt wijzen?'

Nu kom ik regels tegen als: 'Ik wil met je naar bed' en: 'Laten we een condoom gebruiken in verband met aids'. Vooral dat laatste 'in verband met *aids*' lijkt me onmisbaar. Want hoe zeg je in het Spaans: 'Laten we een condoom gebruiken in verband met mijn nog niet geheel herstelde druiper, die ik bij die vorige discosnol heb opgelopen'? Dan gaat aids toch wel veel sneller.

Toch lijkt het contacthoofdstukje mij enigszins overbodig. De taal der liefde is toch woordeloos. Oogopslag, zwoele blik, knipoog en/of glimlach zijn toch de bindmiddelen en hartstochtaanjagers. Ik zie me al met een boekje in bed liggen modderen. Ik zou me door de opwinding onmiddellijk een paar pagina's verslikken en op het moment suprème tegen het dienstdoende meisje roepen: 'Wat heb je een leuk skipak', of mijn van genot kronkelende bedgenote toevoegen: 'Wat heb je een heerlijke vruchtensorbet.'

Jammer alleen dat het boekje de dingen uitsluitend positief benadert. Ik denk dat heel veel meisjes iets hebben aan de regel: 'Hé ouwe geilneus, hitsige kamelendrijver, lazer toch eens op met je zouteloze lulkoek en je opdringerige handjes. Ik heb je al zeven keer gezegd dat je moet opzooien omdat je anders dit glas bier over je slijmerige kop krijgt.' Zelf zou ik graag de volgende regel uit mijn hoofd leren: 'Meneer, beseft u dat u dit eeuwenoude bouwwerk, dit architectonische, laatgotische hoogstandje enigszins beledigt door rond te sjokken in korte broek, witte sokken, het verpletterende heuptasje en alles te bekijken door de lens van uw video, waardoor u thuis ontdekt wat u hier gemist heeft?'

Voor de druk van het volgend jaar wil ik de uitgever vragen de volgende regels toe te voegen:

1. Dokter, ik heb tijdens de Gay Games mijn navelpiercing uitgescheurd.
2. Kan ik hier mijn embryo invriezen?
3. Kan ik hier de president bevredigen?
4. Als ik mijn Viagra niet snel genoeg doorslik, krijg ik dan een stijve nek?
5. Heb ik mijn epo misschien hier laten liggen?

SEKS, SEKS EN NOG EENS SEKS

Laten we het nog even kort samenvatten: Arafat stond op het gazon van het Witte Huis te wachten en op dat moment genoot Bill van Monica, die zich bevredigde met een grote sigaar. Daar komt de uitdrukking 'sigaar uit eigen doos' vandaan. Hoop voor Bill dat het geen Cubaanse sigaar was, anders krijgt hij er nog gelazer mee. Hoewel 'de wilde Havanna' ook opeens heel anders klinkt. En wat denkt u van het woord 'viespeuk'?

Soms kwamen er vlekken op haar jurk, maar er gaan ook al geruchten dat Bill hem af en toe afveegde aan de Amerikaanse vlag.

Verder zal bekend worden dat Monica de president oraal bevredigde terwijl hij met een Congreslid over landbouw-subsidies telefoneerde en ik ben bang dat we binnenkort ook horen dat er eigenlijk altijd een meisje onder de kathe-der van het Witte Huis met de genotsknots van de president zat te spelen. Zij vroeg keurig van tevoren hoe lang de speech zou duren, zodat zij wist of het een heftig vlugger-tje moest zijn of dat ze het wat meer op de vanilletour mocht gooien.

Iedereen weet binnenkort alles. Hoe laat, hoe vaak en voor-al op welke manier hij het graag wilde. Zesendertig dozen details. Een soort Voskuil op Internet. Zijn grootste kick was het om klaar te komen terwijl de hotline met Jeltsin openstond. Boris was toch altijd chronisch kachel van de wodka en dacht dat hij gewoon een ordinair 06-nummertje gedraaid had.

Achteraf mogen we nog blij zijn dat die Monica niet per ongeluk met haar blote reet op de knop is gaan zitten en dat de wereld nog steeds bestaat. Of misschien hebben ze het ook wèl op die manier gedaan. Op een gegeven moment ben je toch wel een beetje uitgekeken op die eeuwige sigarenseks en dan wordt risicoseks heel interessant. Dus dat je op je hoogste punt het gevoel hebt dat je explosies hoort en tegen je geliefde 'Hiroshima, mon amour' schreeuwt. Dat moet toch heerlijk zijn. Mij verbaast niks meer.

Waar ik alleen helemaal niet tegen kan zijn die laffe excuses van Bill. Dat gezemel dat hij zijn gezin en zijn vrouw en zijn dochter en zijn labrador en het Amerikaanse volk zo'n verdriet heeft gedaan door zich regelmatig op zijn werkkamer eens even stevig te laten nemen door een stagiaire en dat het hem zo spijt. Het spijt hem helemaal niet. Hij vindt het gewoon jammer dat het voorbij is. Dát moet hij zeggen en het zou leuk zijn als hij erbij vertelt dat hij nog steeds zo geil als roomboter is. 'Zelfs nu ik deze speech hou. En zo gauw ik thuis kom moet Hillary eraan geloven en gaan we een ongegeneerde wip maken en het op alle plekken doen waar ik het met Monica ook gedaan heb. We beginnen op de rechter bureaula.'

En Hillary moet ook niet zeuren met haar gezever dat ze achter hem blijft staan. Of ze moet gewoon zeggen dat ze hem een smerig, obscuur, achterbaks en vunzig mannetje vindt, of aan het volk vertellen dat ze er zelf ook wel pap van lust en dat ze helaas niet helemaal aan de consumptiedrift van haar Bill kon voldoen. Vandaar al die Monica's en Paula's.

Seks, seks en nog eens seks en de komende maanden zullen we elke kreun en steun te weten komen. En we zullen smullen met zijn allen. Verontwaardigd smullen. Schande sprekend genieten.

Een paar tips voor uw omgeving. Hoe verontwaardigder iemand reageert, hoe meer je hem/haar mag wantrouwen.

En als iemand het gedrag van Bill echt op hoge toon en met veel lawaai afkeurt, dan weet je helemaal zeker dat hij zich een keer of wat per week laat nemen door een caravanhoer op een parkeerplaats.

Bill is niks anders dan het slot van een tijdperk. We zijn op het ogenblik gewoon doorsekst en Bill doet daar vrolijk aan mee. Voor de Buch, na de Buch, achter de Buch en in de Buch. De moraal? Geen moraal. Het leven is simpel en Hans Hillen heeft gelijk.

OPEN MICROFOONS

Cor Suijk heeft van Otto Frank de laatste vijf ontbrekende pagina's van Annes dagboek in bewaring gekregen en zoekt een sponsor om ze uit te brengen... Anne Frank met shirtreclame. Misschien is het iets voor Krupp of Volkswagen. Ik hoop dat er hier op aarde een of andere onzichtbare microfoon openstaat en dat de familie Frank het boven in de hemel allemaal goed kan horen. Misschien duiken ze weer onder.

De open micro bij Claus en Trix was natuurlijk het leukste. Ik vond de manier waarop ze haar man opdracht gaf iets aan zijn haar te doen zo zoet. 'Je haar... Je haar... Aai even over je haar.' Het is trouwens het enige wat ik van deze Prinsjesdag onthouden heb. Het achterhaalde abracadabra van de troonrede is gewoon zielig, de van genot bijna ont-ploffende miljoenennota geloof ik wel en al die randdebie-le Libelle-lezeressen die langs de route op Trix in de koets staan te wachten, mogen wat mij betreft volgend jaar best doodgereden worden. Door wie? Wil ik wel doen. Krijgen we wat ruimte voor vluchtelingen, asielzoekers en andere ontheemden. Ik vond het wel heel jammer dat die lieve Claus zijn vrouw niet onmiddellijk van repliek diende. Toen zij iets over zijn haar zei had hij natuurlijk heel ad-rem moeten antwoorden: 'Ach mens, kijk naar dat stomp-zinnige deksel op je eigen hoofd.' Dan hadden we wat te lachen gehad.

Niets is leuker dan een iets te vroeg geopende micro. Helemaal heerlijk was het geweest als Claus haar nog even snel een mopje had verteld. Een geintje, in de trant van: 'De eerste Viagra-baby is geboren en kon meteen staan.' Dan krijg je daarna een hele andere troonrede.

Openstaande microfoons zijn heerlijk. In de jaren vijftig is er nog eens een man bij de radio ontslagen omdat hij tien minuten na de dagsluiting en het Wilhelmus zei: 'Zo, nu kunnen ze allemaal de kolere krijgen.' Er waren nog wat luisteraars die hun toestel aan hadden staan... Is het een idee om in Zwanenburg per ongeluk expres een micro open te zetten en het speakertje in de Tweede Kamer op te hangen? Misschien begrijpen ze daar dan eindelijk het Schipholprobleem.

Zelf speel ik altijd met een zendermicrofoon en die wordt mij steevast een paar minuten voor aanvang van de voorstelling opgespeld. In de twintig jaar dat ik optreed, is het een keer gebeurd dat hij nog open stond en het voltallige publiek mij kon horen pissen, rochelen, mijn neus ophalen en tot slot hoorde men wat ik van de plaatselijke theaterdirecteur vond. Ik ben in dat theater nooit meer teruggevraagd.

Zelf ben ik een verwoed radioluisteraar en hoor heel veel mensen in micro's praten die niet per ongeluk openstaan, maar expres. Het is dan juist de bedoeling dat wij horen wat zij zeggen. Zo mocht gisteren bij de VPRO een fabrikant van hondenijs zijn waar aanprijzen. Vooral in de warme maanden was het een hit geweest. Hij werkt nu aan paarden- en poezenijs. De konijnen blijven voorlopig van deze lekkernij verstoken.

Vorige week hoorde ik in een ander programma een man praten over het goudvissenopvangprobleem van de gedetineerden. Dus als iemand door de politie van huis wordt gehaald met de bedoeling een jaar of wat in de Bijlmerbajes door te brengen, wat doen we dan met gupje, Flappie en Wodan de pitbull? Of we er wel eens over nagedacht hadden hoeveel pijn wij deze dieren deden? Ja, ja, het is wat mensen!

Ook stonden de micro's afgelopen week wijd open voor alle huilende tuinders en snikkende kastomatenplanters. Terecht. Meer dan driehonderd miljoen schade. Heel anders is het in Bangladesh. Daar is de wateroverlast vijftig keer erger, maar de schade tien keer kleiner. Bij hen zit namelijk helemaal geen vreten in de grond. Dus zij hebben weer mazzel.

Wat had Claus daar graag iets over gezegd, maar hij moet te allen tijde de micro in de gaten houden. Mag nooit zeggen wat hij echt vindt.

Al nagedacht over de open micro bij Billy en Hilly? 'Je gulp... Je gulp... Je gulp staat open!'

STUDENTENGRAP

Het schijnt uit te zijn tussen onze kroonprins en zijn mokkeltje Emily. Officieel hadden ze niks, dus kon Eef Brouwers van de RVD ook niet zeggen dat het voorbij was. Toch moest het bericht de wereld in, en wat doe je dan? Dan neem je een kakelkontje dat nog nieuw is in de koninklijke kringen. In dit geval mocht de moeder van Marilène van den Broek, onze eigen Lady Di, haar diplomatieke mondje voorbij praten. Broekje mocht lekken op een receptie in New York en het bericht werd snel doorgebeld naar *De Telegraaf*, die het afgelopen donderdag uiterst smaakvol kopte. Zelfs *Het Journaal* en *NRC Handelsblad* namen het gerucht over. De hoofdredactrice van *Privé* reageerde geschokt, evenals de baas van het kappersblad *Weekend*. Ook op de redacties van *Story* en *Party* kwam er stoom uit de tekstverwerkers. Reken erop dat de specials komende week zullen knallen. En dat allemaal door een simpel regeltje van de onervaren Josée van den Broek, die zich op dat moment waarschijnlijk helemaal niet bewust was van wat ze aanrichtte in roddelland. Zou ze expres gelekt hebben of was het gewoon een kwestie van een wit wijntje te veel? Waarschijnlijk hebben ze tegen Josée gezegd: 'Kan jij je mond houden?' Ze reageerde met een iets te vlug 'ja', waarop men helemaal zeker wist dat het met dit bericht wel goed zou komen. Wij hadden vroeger in de kroeg ook altijd zo'n sukkel. Als je een bepaald verhaal de stad in wilde hebben, dan nam je hem zogenaamd in vertrouwen en binnen een uur was het daar waar het zijn moest. Stel nou dat het allemaal niet waar is. Misschien haalde Alex donderdagochtend wel gierend van het lachen zijn ochtendkrantje van de kokosmat onder de uitroep: 'Ze is er ingetuind!' Dat dit bij de ontgroening van de Van den Broekjes hoort. Even testen of de Broekjes waterdicht zijn. Gewoon een studentengrap met Hans en Josée uitgehaald. En even de bladen getreiterd. Maar stel dat het wèl waar is en dat de geliefden inderdaad een punt achter de koninklijke verkering hebben gezet. Dan mag je nu alvast denken aan het verdere rampenleven dat die lieve Emily tegemoet gaat. Het eerste half jaar krijgt ze de hele dag gluipkoppen als Peter Smulders en Joop van Tellingen achter zich aan. Dat zijn de paparazzi-fotografen van ons saaie kikkerland. De bladen willen, moeten en zullen haar namelijk hebben. Het volk heeft recht op informatie over de afgewezen koningin.

Emily maakt eenzame ochtendwandeling! Emily huilt uit bij broer! Heeft Emily een nieuwe liefde? Het gajes van de roddelpers draait op volle toeren en komt kraaiend klaar van zoveel primeurgenot. En dat arme meisje maar vluchten voor die tweedehands types, maar dat lukt dus niet.

Overal zullen ze haar met hun telelenzen opwachten. Of ze nou uit haar werk komt, naar de kapper gaat of een winkelwagenrondje door de supermarkt maakt. Verder zullen kraterige puistenkoppen als Willibrord Frequin en Evert Santegoeds haar dagelijks opwachten met hun televisiecamera's en ik ben bang dat die wandelende nier van BNN ook af en toe vanachter de bosjes opduikt. Lijkt me echt heerlijk. Je trilt van liefdesverdriet en dan sta je opeens oog in oog met Bart de Graaff, de ET van Hilversum. Van mij mag ze op dat moment een kalasjnikov leegschieten.

Voor Emily hoop ik dat het allemaal vuige roddel en achterklap is en dat ze lang en gelukkig gaat leven met de vrolijke kroonprins, die in zijn jongensjaren op een Zwitsers vliegveld nog eens een roddelfotograaf op zijn bek getimmerd heeft. En als het wel waar is hoop ik dat Emily even de onderwereld induikt en een paar vage kickboksers op die pers-stalkers afstuurt. Die moeten de heren eerst een keer waarschuwen. En als het tuig dan terug blijft komen, mogen ze ze zo'n ram verkopen dat ze het wit van hun ogen zwart voor hun kont zien draaien. Dat is altijd beter dan dat ze zichzelf in paniek doodrijdt onder een viaduct. Hup Emily.

IC351

De beurs stort onder leiding van de ING dramatisch in en heel veel yuppen in iets te dure huizen hebben een raar en nerveus weekend.

Medelijden? Nee hoor. De meeste effectenbezitters zijn de afgelopen jaren geeuwend rijk geworden en hebben, zonder moe te worden, tonnen op hun rekening kunnen bijschrijven. Daar gaat nu wat vanaf. Nou en?

Alleen de koers van de farmaceut Eli Lilly stijgt. Het bedrijf gaat IC351 op de markt brengen en men verwacht daar nogal veel van. Wat IC351 is? IC351 wordt de opvolger van de Viagra-pil. De makers van deze nieuwe potentiepastille verwachten dat dertig miljoen (!) mannen over de hele wereld er baat bij kunnen hebben. De fabrikant van deze nieuwe pil handelt trouwens ook in het populaire Prozac. Zal de verkoop hiervan nu teruglopen? Als er weer gevreeën wordt, wordt de depressie toch vanzelf minder? Of zit ik echt te simpel in elkaar?

De erectie en de goede bui zitten voor miljoenen mensen in een pilletje. Leven op recept. Zag gisteren op de televisie een uroloog, een seksuoloog en een Viagra-patiënt. Samen met good old Ria Bremer bespraken zij dit lacherige kroegonderwerp. Zowel de seksuoloog als de plasbuisspecialist legde uit dat het potentieprobleem zich vooral tussen de oren afspeelt. Zelden is de oorzaak fysiek. Ik denk dat ze gelijk hebben. Seks is gewoon consumptie geworden. Zelfs de president van Amerika wordt alleen nog opgewonden als de jonge trekharmonica Lewinsky voor zijn ogen met een wilde Havanna tekeergaat en de hele wereld krijgt na afloop de details, tot en met het dekblad en het bandje, te horen.

Vroeger speelde de porno zich af in een stiekem steegje en verdiende een Porsche-pooier er een paar slordige rotcenten aan, maar tegenwoordig spelen keurige types als Joop van der Reijden en Fons van Westerloo openlijk voor souteneur en vullen hun overvolle zakken met dit hoerengeld. Nederland kijkt massaal naar de meest ranzige seksprogramma's, met als dieptepunt het programma *Sex voor de Buch*, waarin de tosti Menno Buch geestelijk gehandicapten voor het oog van heel Nederland laat klaarkomen. En niemand die zo'n zielige, oververhitte randdebiel beschermt. Probeer na zo'n uitzending nog maar eens een gewone doorzonwip met je eigen vrouw te maken.

Vorige week las ik iets over een actiegroep die seks met dieren wil verbieden, en niet alleen met honden, katten en parkieten, maar ook het gefrunnik met goudvissen moet afgelopen zijn. Ik wou dat ik het had verzonnen. 'Papa, haal je snikkel uit de kom!' Het hele Internet ontploft van de kinderporno en schuimend van genot toont aartsvunzerik Willibrord Frequin de plaatjes op SBS, onder het motto: kijk eens wat een viezigheid, mensen. Prozac en Viagra houden ons nog even op de been en verder is alles opper dan op. Onze huidige gemoedstoestand werd afgelopen donderdagavond het beste samengevat in het programma Zembla. Dit ging over *Zwevende Zaken* en liet zien hoe allerlei managers zich tegenwoordig ten einde raad laten motiveren door een stelletje tweedehands *new age-types*. De regel 'Chocolade helpt tegen een lekkend aura' zal ik mijn leven lang proestend koesteren en het bedrijf *Oibibio* dat de bacteriën het pand uitgemediteerd heeft kan ik ook nooit meer met droge ogen bekijken. Maar dat kon ik toch al niet. Bij het zien van al deze krampachtige onzin dacht ik wel: waarom heffen we onszelf niet gewoon op?

Een stevige suïcide zou volgens mij voor veel opluchting zorgen. We kunnen ook een lekkende Boeing van El Al over ons land laten vliegen.

Volgens mij is er maar één manier om weer enig motief in ons van verveling doordesemde bestaan te brengen: laat de koersen maar kelderen, de economie ontploffen, de boel compleet failliet gaan. Dan gaan de handen weer uit de mouwen onder het motto 'To be or not to be', en als je een beetje leuk pensioen wilt, dan moet je voor nakomelingen zorgen. Wedden dat het vrijen dan weer zonder pil lukt? Leven zit tussen je oren.

TELEFOONGESPREK

Hallo lief, met mij...
Ben je druk? Heb je heel even? Nee, het duurt maar heel kort. Ik moet ook zo naar een vergadering, maar pak even je agenda. Het is morgen zaterdag en de kinderen logeren toch bij jouw ouders? Hoe laat moet ik ze daar heenbrengen? Dat haal ik niet, omdat Jaap eerst moet voetballen. Tot halfelf denk ik. Dan naar huis, douchen, verkleden en dan kan ik om één uur weg. Bel jij ze op en zeg dat ik tussen halftwee en twee bij ze ben. Maar dat kan niet, want Loes heeft nog een partijtje bij Ina. Dat begint om twee uur en ze maken een rondvlucht boven Amsterdam. Dat heeft die vader geregeld. Dat is die patser van de Optiebeurs, die op deze manier zijn scheidingsschuld aflost. En daarna lunchen ze met veertien meisjes bij Kras. Dan breng ik haar wel later, of anders doe jij dat. Omdat ik met Paul ga tennissen. Oefenen voor de bedrijfscompetitie. Van vijf tot zeven. Nee, ik blijf niet hangen. En dan? Heb jij kaarten voor De la Mar? Is goed. Eten we daarna een hapje in de stad. Ik moet voetballen. Hoe vroeg? Halftwaalf of zo. Dan kun jij ze toch halen? Hoe laat moet Jaap daar dan zijn? Wat voor ballonvaart? Boven de stad. Is dat dat jochie van die vader met die Porsche, die makelaar? Met drie ballonnen boven de stad? Hoe oud wordt dat jochie? Acht? Leuk idee. En daarna met zijn allen een videoclip maken. Ook leuk. Dan haal ik hem wel om acht uur bij je ouders. Dat is zielig voor Marloes, maar dan haal jij die in het begin van de middag. Wat voor Open Dag? Van paardrijden. Vanaf twee uur. Dat moet jij dan doen. Ik kan wel koken, maar heb geen tijd voor boodschappen morgen. Dan bellen we toch de pizzataxi? Wat moet jij maandag? De hele dag?

Maar Jaap heeft judo. Halfvier. Ik moet naar Enschede. Die moeder heeft al drie weken gereden, dus die wil ik niet weer vragen. Daarbij is mijn auto voor een grote beurt weg. Dan breng ik hem wel met een taxi naar judo en dan moet Loes alleen thuisblijven. Omdat die naar celloles moet. Dat heeft ze toch vorige week ook al afgezegd. Hoe laat kan jij Jaap ophalen? Maar ga dan niet te laat weg. Omdat ik anders hopeloos in de file kom. Nee, ik ga hem niet een uur eerder in die sporthal zetten omdat de schoorsteenveger komt. Als ik die man afbel dan kan hij pas weer over zes weken. En dan komt het ook niet uit. Eigenlijk komt het nooit uit. Wat wil je dinsdag? Met mij tennissen. Hoe laat? Geen twee uur achter elkaar. Omdat dat ruzie wordt. Een uurtje is genoeg. Ik kan wel om kwart voor drie bij school staan, maar hoe laat is die pianoles dan? Wie moet ik meenemen? Dat kind heeft toch ook een moeder? Jij werkt toch ook? Maar wanneer studeren ze dan piano? Dat moet jij dan doen. Daar kon ik niks aan doen, maar ze had haar boeken in de manege laten liggen. Dus ze moet in haar paardrijkleren naar pianoles. Dat staat zo zielig. Kan ze geen boek lenen? Dus als ik Loes van pianoles naar de manege rijd moet ik Jaap bij AFC afzetten. Maar die training is toch woensdag? Welke Rogier? Waarom moet ik die oppikken? Ik moet toch ook werken. Omdat ik thuis schrijf lijkt het net of ik alle tijd heb...

Maar Flapoor moet die avond zijn jaarlijkse prik hebben. Dat staat hier. Winterprik Flapoor. Kan wel een week wachten, maar dat is dan de zesde keer. En heb je al winterjassen met ze gekocht? En je zei gisteravond dat je dat woensdag aan het begin van de middag zou doen! Al gedaan? Dat heb je me niet verteld. Wanneer dan? Met wie spreek ik dan? Met Anja. O sorry, ik dacht dat jij mijn vrouw was. Pardon... Nee, geef haar maar even... Jij dacht dat ik jouw man was... Jullie kinderen heten ook Jaap en... Sorry... Geeft niks... Is mijn vrouw daar? Vraag dan of ze even terugbelt en dat ze haar agenda openlegt... Ze moet wel vlug bellen want ik moet Jaap naar schermen brengen en Loesje naar vioolbouwen.

Dankjewel. Ja, jij ook, en de groeten aan Wim. Geeft niks, was van mij ook dom.

PROMODORP

Allemaal het promodorp van Justitie in Ermelo gezien? Vooral de catering van het Veghelse Maison Van den Boer was een groot succes. Heerlijke palingmousse, schitterende zalmtartaartjes en ook de gegratineerde oesters smaakten beter dan ooit. Zelf zat ik het meest in de champagnetent van Pieper Heidseck, daar waar ook de kaviaarstand was. Die was naast BMW-village. Veel dank aan alle sponsors en wat jammer dat Justitie het opbreekt en naar Nijmegen verplaatst. Soms word je als doorsnee Nederlander zo schaamroodstil.

Afgelopen week mocht ik in Enschede spelen en las in het plaatselijke sufferdje een verhaal over een Ratelbandachtige goeroe, die in de schouwburg van Almelo vijfhonderd Twentse managers had toegesproken. Ik las een dozijn platitudes ('Het gaat niet om hebben, het gaat om zijn!') en begreep uit het vrolijke verslagje dat je op een gegeven moment de schouders van de man (m/v) in de rij voor je beet moest pakken en die moest masseren.

Dat was in mijn geval vechten geworden. Ik ben best meegaand, maar ik zou toch niet willen dat er een rayonmanager van een kogellagerfabriek met zijn Borculose handjes mijn tere schouderbladen begon te kneden. Afblijven, oprotten en wegwezen. Het verbaasde mij niet toen ik las dat alle schapen het trouw gedaan hadden. Mensen doen die dingen. Geef 50.000 volwassenen bij een Europacupwedstrijd een vlaggetje met het logo van de sponsor, vraag of ze naar de camera willen zwaaien en ze doen het. Mensen doen alles. Op hetzelfde moment dat de goeroe de managers stond op te peppen was het asielzoekersgala in Ermelo in volle gang en dacht minister Zalm aan de manier waarop hij zijn aankoop van dat onaffe testbeeld van Mondriaan in de Tweede Kamer zou verdedigen.

De Duitsers baalden op dat moment van het akkoord over de luchtaanvallen op Joegoslavië. Mochten ze na drieën-vijftig jaar eindelijk weer een keer meegooien, ging het niet door. Ondertussen nam ik in Enschede het doping-schandaal rond FC Twente even door en kwam in mijn ver-bazing niet verder dan de zure woordspeling *Epo Drost*. Mooie provinciedroefheid: een Twentse manager die aan zijn vrouw uitlegt dat hij vanavond weg moet omdat hij gaat luisteren naar een luchtbakker, die op initiatief van de Almelose Rotary praatjes komt maken. Anderhalf uur later moet hij een therapeutische schreeuw geven en frunnikt hij aan de schouders van zijn ongedeodorante voorbuurman.

De opbrengst van de avond ging gelukkig naar geestelijk gehandicapten. Is dat debiele gedoe dus toch nog ergens goed voor geweest.

De bedoeling van dit soort avonden is dat de managers zich lekkerder gaan voelen op hun werkplek, efficiënter met zichzelf omgaan en zodoende meer omzetten. Meer rende-ment. 'Profiteer van de file. Neem werk mee of rust juist uit. Daarna ben je er weer klaar voor om heel veel auto's te verkopen.' Maar wordt het niet hoog tijd dat er een goeroe opstaat die vertelt dat er verder geen auto's meer verkocht moeten worden omdat het hele land verstopt zit, dat we niet meer naar Tenerife en Kreta kunnen omdat ze in Zwanenburg krankzinnig worden van de herrie en dat een vliegveld in zee ook gekkenwerk is? De zee is voor boten! Of gaan we het woord luchthaven letterlijk nemen? Ik begrijp dat heel veel managers moedeloos zijn en de fut niet meer op kunnen brengen om hun overbodige product-jes aan de man te brengen. Vandaar al die motivatiegoeroes. Maar omdat we allemaal willen rijden, staan we stil. Er moeten geen auto's worden verkocht, maar juist weg. Er moet geen motivatiegoeroe komen, maar een demotivatiegoeroe. We slibben aan alle kanten dicht. Te veel genot, te veel onzin. We hebben meer dan genoeg. En als je het niet gelooft, ga dan eens met alle Twentse bobo's onder leiding van de Almelose Rotary naar het promodorp in Ermelo en verblijf eens een weekend met je gezin in een lekkende tent. Gaan we daarna verder praten.

SPOED

Frank de Grave wil een *Brede Maatschappelijke Discussie* over de toekomst van ons leger. Doe ik graag aan mee. Mijn voorstel is: opheffen die hap. Je leest toch alleen maar ellende over die gozers. Of ze vliegen de coke met honderden kilo's tegelijk het land in, of ze helpen de Serviërs een handje bij het selecteren van de af te voeren moslims, of ze zijn net even lunchen als Relus ter Beek belt dat zijn Drentse golfbaan onder water staat. De spoedmelding kwam om elf uur binnen en een uur en drie kwartier later was het gelukt om de dienstdoende ambtenaar wakker te krijgen. Ik vind dat nog snel. Normaal stel je Den Haag een vraag en komt je verzoek in drievoud onder op de stapel. Nu stonden de soldaten precies acht uur later zandzakken door te geven. Goed nieuws voor een eventuele vijand. Mocht u Nederland binnen willen vallen, dan hoeft u de eerste acht uur niet op tegenstand te rekenen. Heerlijk toch? En tussen vrijdagmiddag vier uur en maandagochtend negen uur hoeft u helemaal nergens op te rekenen. En stel dat er toch een Nederlandse soldaat komt opdagen, geef hem dan wel de gelegenheid eerst rustig zijn tent op te zetten. Het is het modelletje Ermelo. Met stromend water.

Volgens Defensie had het Rampencoördinatiecentrum ook een ander nummer kunnen bellen, dan was het een stuk sneller gegaan, en een 'voorwaarschuwing' wil ook nog wel eens helpen. Dus of de Duitsers eerst even willen bellen met de mededeling: 'Wir kommen.' Eigenlijk is de situatie in ons leger symbolisch voor de hele maatschappij.

Of we het nou over Schiphol hebben, het fileprobleem, de asielzoekersopvang of het cellentekort bij Justitie:

het is een complete puinhoop. Binnenkort kan je je advocaat met de officier van justitie laten onderhandelen over je
straf. Dus je geeft toe dat je de zaak getild hebt voor een
miljoentje of zes, maar deze schuldbekentenis scheelt je
alweer een jaar of wat. Misschien is het handig om dat vast
in de planning op te nemen. Dat de bende van Etienne U.
een soort calculatie-afdeling krijgt: inkoop pillen 6 miljoen, verkoop (straatwaarde) 18 miljoen, schuldbekentenis
4 miljoen, saldo 8 miljoen.

Leuk om aan Vermeend te vragen of hij het bedrag van de
schuldbekentenis fiscaal aftrekbaar kan maken. Anders
krijg je daar ook weer zo'n rompslomp over. Misschien is
dit iets voor het torentjesoverleg. Wat zijn we toch een
schattig dorp. Mijn hart maakte de afgelopen week een
keer of wat een sprongetje. Net las ik hoe Wijers, Jorritsma
en De Boer de Kamer hadden belazerd met de Schiphol-
cijfers of er kwam een D66-kamerlid naast mij zitten in de
trein naar Antwerpen. Geen idee hoe hij heette maar we
kwamen al snel op het heikele punt van 'aftreden' en het
daaraan gekoppelde geloof in de politiek. Hij vertelde dat
Annemarie het moeilijk ging krijgen en eigenlijk haar
koffers kon gaan pakken. Maar ja, we hadden natuurlijk
ook te maken met een coalitie en gemaakte afspraken binnen die coalitie en...

Toen hoorde ik het al. Daar horen we niks meer over en
neemt u van mij aan: dit wordt gewoon een Voorhoefje,
oftewel: er treedt hier niemand af. Een Sorgdragertje dus.
Heb ik nog een laatste tip voor heel Den Haag: in 2000
gaan we in Nederland en België voetballen om het
Europees Kampioenschap. Dat zou nog wel eens knokken
kunnen worden. En buiten wat extra politie is het misschien niet gek om het leger achter de hand te houden. Dus

dit is een voorwaarschuwing. Mocht het knokken worden, zorg dan dat ze klaar staan en voor Justitie is het misschien wel handig om een aantal voorlichtingsfolders te laten drukken. Dus dat je de hooligan laat weten dat als hij toegeeft dat hij dat benzinestation geplunderd heeft, of een stuk of wat voetballiefhebbers gemolesteerd heeft, zijn straf beduidend minder wordt. Dat scheelt een hoop problemen en dan hoeven De Grave, Peper en Korthals later niet af te treden. Dit laatste is overigens een grapje.

AVONDGEBED

God belde mij met de vraag wat ik van haar laatste geintje, Mitch, in Midden-Amerika vond en ik legde haar uit dat het niet lekker ontbijt, als je ochtendblad op de voorpagina een foto toont van een vader uit El Salvador met in zijn armen zijn verdronken zoontje, terwijl je daarachter de ontroostbare familie wanhopig ziet schreeuwen en kermen. Zeker niet als je in een vijfsterrenhotel zit en de keus hebt uit zes soorten brood, vier soorten yoghurt, diverse soorten fruit, jams, worsten, kazen en ander beleg.

'Zoiets verwart,' vertelde ik haar, en zij vroeg in welk hotel ik zat.

Ik noemde de naam en zij bleek het te kennen. Ze roemde de aangename temperatuur van het zwembad, de heerlijke sauna, de fantastische fitnessruimte en de weldadige massagesalons. Of ik het restaurant kende? Moest ik eens proberen. Vooral de carpaccio van getruffeerde eendenlever en de dubbelgetrokken kwartelbouillon, terwijl ook het mozaïek van dagverse zalm en zeewolf een aanrader was.

Ik schoot vol en vroeg aan God wat ze bedoelde met onze luxe in contrast met de vijfentwintigduizend doden. Ze vroeg of ik het ook zo erg vond voor Louis van Gaal en de hele stad Barcelona dat de voetbalclub zo goed als zeker is uitgeschakeld in de Champions League en of ik veel verloren had met de verkoop van mijn aandelenpakket Baan en of ik al wist dat er in België het afgelopen jaar vierhonderdduizend auto's (een record!) waren verkocht en wat was het leuk voor Volendam dat ze mogen doorvoetballen en jammer voor Vitesse, Willem II en Heerenveen dat het Europese avontuur geëindigd is.

'Maar wat is uw bedoeling met Honduras?' stamelde ik en

ze vroeg of ik nog steeds in therapie was en of de therapie een beetje hielp tegen mijn faalangst, mijn hyperventilatie en mijn carrière-stress en of ik met mijn gezin met kerst nog naar Parijs ging en hoe de verbouwing was geworden en of al mijn personeelsleden nu een GSM hadden en of het waar was dat mijn therapeut zelf ook in therapie was bij een therapeut die zelf ook weer in therapie was bij een therapeut die...

'Vijfentwintigduizend doden,' fluisterde ik. 'Vijfentwintigduizend!'

Ze zei me dat ik me over Shell geen zorgen hoefde te maken en ik moest rekenen op een fors winstherstel, maar Philips moest ik verkopen omdat die verliefde Boonstra er gewoon met zijn kop niet bij is en of ik beledigd was dat ik niet op de Quote-lijst van honderd rijkste Nederlanders stond en of mijn lange weekend New York nog doorging en of ik ook vind dat de Viagrapil in het ziekenfondspakket moet, net als de anti-verlegenheidspil, en of ik me nog steeds moppentappend door het land bewoog en of ik nog steeds wekelijks een amuserend stukje op de Achterpagina van NRC Handelsblad schreef en of ik daar een beetje van kon rondkomen (volgens haar werd ik steeds ronder) en of... 'Wat is de bedoeling van uw apocalyptische rampen-plannen?' smeekte ik haar voor de laatste keer. Toen zweeg ze lang en vroeg of ik dit stukje uit mijn hoofd wilde leren en elke avond als avondgebed wilde prevelen.

MEEVALLER

Een Achterhoeks beleggingsclubje van honderdvijftig (!) leden heeft in korte tijd, dankzij een Doetinchemse Nick Leeson, een kleine vierenveertig miljoen gulden verloren en de schuldige Rabobank was zo grootmoedig om bijna achttien miljoen in hun kleine kas terug te storten. Dat is meer dan het krenterige Nederlandse volk op een avond bij elkaar sprokkelde voor het weggevaagde Midden-Amerika. Wij gaven een piek per persoon, inclusief de beschamende fooien van multinationals als Philips en Ikea. Deze bedrijven waren allebei goed voor tweehonderdvijftigduizend gulden. Alleen al de opties van de leden van de Raad van Bestuur zijn enkele honderden miljoenen waard. Eveline Herfkens had in een dolle bui beloofd het totale bedrag te verdubbelen en sprak grootmoedig: 'Ik houd me aan mijn woord.' Ze glunderde daarbij alsof ze het over haar eigen huishoudportemonnee had en zelf een maand overging op koude aardappels met smeltjus. Ze moest nog wel een potje met de benodigde poen zoeken want ze had maar op vijf miljoen gerekend, wat inhoudt dat bijvoorbeeld Eritrea en de Sahel een jaartje moeten overslaan. Nu is weer eens een ander beleggingsclubje aan de beurt.

Minister Zalm heeft dit jaar een miljard aan meevallers geboekt. Ik had eerlijk gezegd ons volk op minimaal honderd miljoen ingeschat, maar ik ben dan ook een politieke De Milliano, ofwel dom, naïef en stekeblind. Linda blij, Aad tevreden en ik hoorde de vertrouwde geluiden dat Nederland het toch maar weer geflikt had. Minister Zalm heeft dit jaar een miljard aan meevallers geboekt.

Een zekere Menno Buch is boos op Quote omdat hij door het blad gerekend wordt tot de honderd rijkste Nederlanders. Zij hadden hem genoteerd voor een miljoentje of vijfendertig. Die Buch is van de sekslijnen. Dus dat bedrag heeft het ooit zo calvinistische Nederland de afgelopen tien jaar netto bij elkaar gerukt. Af en toe snap je niet dat God die Mitch boven Honduras heeft laten razen. God is dus zeker niet gereformeerd, anders had zij haar toorn wel op ons landje losgelaten.

Minister Zalm heeft dit jaar een miljard aan meevallers geboekt.

Een paar parkeerwachters slurpten een miljoentje of zeven uit de Amsterdamse meters en afgelopen kwartaal werd er voor nog eens drie ton uit de automaten gejat. Dit gebeurt door middel van een boortrucje. Iedereen kan het.

Minister Zalm heeft dit jaar een miljard aan meevallers geboekt.

Ik weet het, ik weet het, ik weet het! Ik mag dit soort zaken niet met elkaar vergelijken en ik moet de laatste Mondriaan er buiten houden. En ik begin niet weer over de Arena, de overdekte kunstskibanen, de psychotherapie voor Prozacmutsen en ik hou ook mijn mond over het aantal vliegbewegingen richting Torremolinos en Marbella, waardoor we met Schiphol wel naar zee moeten. Dat is te gemakkelijk, te populistisch en veel te demagogisch. En ik word ook niet cynisch door Ikea en Philips te tippen dat het misschien handig is om hun productie naar El Salvador en Nicaragua te verplaatsen omdat daar zeventienduizend werkloze Chiquita-plukkers lopen te dolen. Dan hebben ze hun geschonken bedragje er binnen een week uit. Zestien miljoen is veel, heel veel! Ik ben trots, maar ik ben nog veel trotser op onze minister Zalm. Hij heeft het toch maar weer geflikt. Een meevaller van een miljard. Daarmee kan hij de domper van Eveline Herfkens misschien compenseren. Mochten er trouwens zeventienduizend bananenpluk-kers deze kant opkomen om hier asiel aan te vragen, dan geef ik ze onmiddellijk de adressen van de christenbroe-ders en -zusters van de CDA-fractie. Moeten ze wel voor de volgende verkiezingen komen want daarna hebben we geen CDA'er meer over. Of dat zielig is? Nee. We hebben dan trouwens wel een beter vliegveld.

VLEES

Met *Wat is een maaltijd zonder vlees?* adverteren de slagers en ik denk dat ik het antwoord weet, namelijk: een maaltijd! Het is het goed recht van de slagers om zo te adverteren en op die manier te proberen om ons burgers aan te zetten om regelmatig onze tanden in een boutje van het een of ander te plaatsen. Zoals de slagers ons mogen aanraden zoveel mogelijk vlees te eten, zo mogen de tegenstanders van de bio-industrie aan de mensen vragen om het niet te doen, omdat de dieren in hun ogen nogal lijden en er te veel rotzooi in de beesten zit. Dat is het leuke van een democratie. De een roept 'Eet!' en de ander schreeuwt 'Eet niet!'

Zelf zet ik regelmatig mijn tanden in een biefstukje. Ik moet wel toegeven dat de slager bij wie ik het koop een chique runderjuwelier is en de prijzen grachtengordeliaans zijn. Dat is meer dan scharrelen. Ook kom ik regelmatig bij de gewone slager bij ons in de buurt en heb het daar vrolijk. Ik ben absoluut niet vegetarisch, maar ik ben wel een jaar of twintig geleden, na alle hormoon- en kistverhalen, gestopt met het eten van kalfsvlees. Al een jaar of tien heb ik geen kip meer aangeraakt en sinds een jaar of vier is het varkensvlees taboe. Natuurlijk dwarrelt er nog wel eens een spekje door de sla en onlangs heb ik bij de Indonees nog een heerlijk stukje kip geproefd, maar dat is meer uitzondering dan regel. Boter, kaas en eieren worden bij ons gewoon verorberd. Ik heb nog nooit om scharrelkaas gevraagd.

Wanneer mijn vleesdenken veranderd is? Ik denk net als bij veel anderen: in de tijd van de varkenspest en de BSE. Toen de camera's goed inzoomden op de huisvesting van de dieren was ik verbijsterd, en toen ik las en hoorde wat er zoal aan onnatuurlijke rommel door het dierenvoedsel gaat was ik verslagen. Door veel varkensvoedsel zit vismeel en koeien eten tegenwoordig vermalen slachtafval. Ik ben een mavo-jongetje en weet niet al te veel, maar ik weet wel dat als ik vroeger in een proefwerk op de vraag: *Wat eet een varken?* als antwoord *vis* had opgeschreven, ik zelfs die mavo niet gered had. En als ik van een koe een carnivoor had gemaakt was ik ook doorverwezen naar de lom-school. Varkens eten geen vis en koeien vangen geen haas om op te peuzelen. En mag ik het ook raar vinden dat er door het voedsel allerlei preventieve geneesmiddelen (waaronder antibiotica) zitten? Ik snap nu wel waarom de minister van landbouw Apotheker heet.

Afgelopen donderdag plaatste ik namens de stichting Varkens in Nood een oproep aan het Nederlandse volk om mee te betalen aan een grote advertentie rond kerst, met de vraag aan iedereen om geen vlees uit de bio-industrie te eten. Dat heb ik geweten. Heb inmiddels heel varkensboerend Nederland aan de lijn gehad en de laatste discussie met deze dames en heren heb ik dan ook nog niet gevoerd. Vervelend? Nee hoor. Ook al veel gelachen. Of ik wel wist dat de varkens op vloerverwarming liggen. Of ik wel eens in mijn eigen zalen had gekeken. Daar zaten de mensen dichter op elkaar dan in de varkensstallen! En of ik wel wist wat ik de varkenssector aandeed. Massale suïcide heb ik binnenkort op mijn geweten. Ondertussen ben ik ook door de boeren en de slagers bijgepraat over de gifmengende vis- en groenteboeren. Elke zalm heeft in zijn leven alles geproefd behalve vrijheid en staat stijf van de pillen. En waarom de groente er tegenwoordig zo mooi uitziet? Precies. Gif, gif en nog eens gif.

Journalisten zijn op hun beurt weer verbaasd dat ik me als cabaretier überhaupt in het actiewezen heb gestort en stellen vervolgens geen enkele vraag over de inhoud van de actie. Het gaat over mij! De boodschap doet er niet toe. De boodschapper, daar gaat het om.

Wat de leukste vraag was? Hoe ik zelf aan die dikke kop kom. Antwoord: drank. Vooral wijn! Of ik wist wat dáár allemaal inzat.

IN DE WAR

Twee komma drie miljoen Nederlanders hebben per jaar een of meer psychische stoornissen en slechts achthonderdduizend mensen zoeken hulp.

Dit blijkt uit een recent onderzoek. Vroeger zou ik van zo'n getal schrikken, maar naarmate ik ouder word weet ik beter. Zo'n onderzoek is uitgevoerd in opdracht van de hulpverleners zelf en die zitten niet te wachten op een uitslag waaruit blijkt dat ze totaal overbodig zijn. De psychische hulpverlening is een bloeiende sector en dat wil men in die kringen graag zo houden.

Een vriendin van mij is haar hele leven platgewalst door alles wat ook maar een beetje peut. Ze surfte van het ene spreekuur naar het andere, ging naar kneusweekendjes in de Franse Pyreneeën, danste drie keer per week de stress van zich af bij een therapeutisch bewegingscollectief onder leiding van een zekere Bart Jan. Haar leven was een warm bad van luisterende oortjes en zacht zalvende antwoorden op hele domme vragen. Heerlijk! Ik ben zelf meer de man van een goed pak op je sodemieter, een koude douche en drie weken straatvegen in een sloppenwijk van New Delhi. Vooral dat laatste wil nog wel eens helpen.

Laatst vertelde ze mij dat ze nu zelf een officiële cursus psychotherapie doet en dat binnenkort andere kneuzen bij haar op de sofa terechtkunnen. Ik ben bang dat haar nieuwe praktijk een groot succes wordt. Mijn vriendin is een en al begrip en zal elke fobie, faalangst en andere onzekerheid met vooral veel begrip wegmasseren. Ze is zelf op dit moment bezig haar post-lesbische periode af te sluiten en merkt dat ze weer enorm openstaat voor iemand van het mannelijke geslacht. Mag zelfs best een macho zijn.

Twee komma drie miljoen is een aardig aantal, maar daar valt dus alles onder. Daarbij tellen de schizo's waarschijnlijk dubbel. Wanneer is iemand een psychisch gestoorde? Mag je een roddelbladlezer onder de chronische gestoorden rekenen? Dan heb je er zo al vijf miljoen bij. En wat doen we met mensen die bereid zijn uit naam van hun voetbalclub een ander helemaal plat te rammen? Dat zijn er toch ook een paar duizend per week. En de Sex voor de Buch-loerders? Dat schijnen er per keer ook een kleine twee miljoen te zijn. En wat denkt u van al die Prozacjes, die voor hun rust naar Benidorm gaan? En horen de in mijn ogen verder onschuldige Oibibidiootjes erbij? En de types die een driedubbele triatlon zwemmen, fietsen en lopen? En de echtparen die op zondag met hun kinderen en schoonouders in de file voor Ikea gaan staan om op de terugweg braaf te wachten in de rij van de McDrive?

Ik noem er maar een paar. Wanneer ben je psychisch in de war? Als je het programma *Vegas Nights* voor Veronica bedenkt? Of bij Paul de Leeuw uitlegt dat biggetjes op een waterbed horen? Of als je in de tijd van files aan je verkopers uitlegt dat er dit jaar weer vierhonderdduizend auto's verkocht moeten worden? Haal je target! Of als je vindt dat Schiphol mag uitbreiden, liefst in de Noordzee? Wanneer val je in de categorie die psychische hulp nodig heeft? Eerlijk gezegd weet ik het niet. Ik zie mensen *Olijfonaise* in hun winkelwagentje gooien, hoorde op de radio iemand het gedrag van BNN-Bartje tegen de buurvrouw van Jaap Jongbloed verdedigen, weet dat sommigen op een overdekte kunstskibaan naar beneden roetsjen, weer anderen vervangen in deze tijd van bloeiende nederwietplantages acht keer de grasmat van de Arena, terwijl de halve stad bestaat uit deskundigen. Honderd lampen, een afzuiginstallatie, een paar kilo graszaad en klaar is Koos Koets. Ik weet het echt niet meer. Wanneer ben je psychisch in de war? Zolang je de gekte aanvaardt, het spelletje meespeelt en elke ochtend met een fris gepoetste bek richting een groot zinloos kantoor slakt? Ik weet het echt niet. Weet wel een remedie tegen het gek worden: niet nadenken. Absoluut niet nadenken. Gewoon meedoen. Dooreten, meelachen en om de twee minuten tegen je kinderen zeggen: dat is nou eenmaal zo!

ODE

Gisteravond was er geen *Lang leve de kampioen* op de televisie en ik heb het node gemist. En niet alleen ik. Mijn halve omgeving had een wrevelige vrijdagavond. Velen onder u hebben geen idee waar ik het over heb, maar de kenners van dit fantastische VARA-programma treuren ongetwijfeld met mij mee.

Michiel van Erp is de maker van een bijzonder soort televisie. Het eerste dat ik ooit van hem zag heette *Lang leve de Vereniging*. Korte impressies van maffe verenigingen en het waren stuk voor stuk juweeltjes. Van een Limburgs gezelschap, dat alle langs de weg gelegen Mariakapelletjes onderhoudt, tot een groepje goedwillenden die samen een klaar-over club voor padden, kikkers en egeltjes vormden. Met open bek keek ik naar de buis en vroeg me telkens hardop af of hij de types niet had verzonnen en acteurs had ingehuurd om al die malloten te spelen. Maar het tegendeel was waar. De clubs en de mensen waren allemaal echt. Hierna volgde een serie *Lang leve Nederland*, en hierin combineerde hij telkens een aantal maffe bewoners van diverse steden. Ook die waren prachtig. Voor mij was het hoogtepunt de vader en de zoon uit Maastricht, die er een tweederangs kappersschool op nahielden. Die uitzending heb ik een keer of zes gezien.

Dit seizoen heeft Michiel mij echt verpletterd met zijn serie *Lang leve de kampioen*. Bij de eerste uitzending was het meteen al raak. Het ging om het Nederlands Kampioenschap voor Schoonheidsspecialisten en daar tussendoor had hij een reportage gesneden over een zielige vorkheftruckchauffeur, die zich liet oplichten door een glad babbelende man, die een soort *tupperware-parties* voor parfum organiseerde.

Tot vorige week was het portret van de ondergang van de voetbalclub Limburgia mijn absolute favoriet. Hij had dit gecombineerd met een door een hele zielige mevrouw georganiseerde Culinairie. De man van de mevrouw was *Kiwani* en dat is een soort ziekenfondsrotary. De club komt uit Bilthoven en organiseert jaarlijks een driedaags eetfestijn voor een of ander goed doel. Je zag zo'n aandoenlijk promodorpje dat je ook wel in de schaduw van hockey- of tennistoernooien ziet. Het gaf zo'n treurig prachtbeeld van de gemiddelde provinciekakker. Die zielige mevrouw, de sneue mannen, de joviale sponsor, zijn verbitterde echtgenote, de allochtonen die de wc's schoon moesten houden, de toon waarop die mevrouw hen toesprak, de manier waarop ze haar hond riep of meezong met een kinderen-voor-kinderenliedje, enzovoort.

Tranen van het lachen liepen over mijn wangen. En maar terugspoelen. Zei ze het echt? Let op die man! Kijk naar haar laarzen! Hoor hoe die ene gozer 'vrindje' zegt! Tien keer heb ik de videoband gezien en wat mij betreft kon hij niet worden overtroffen. Tot vorige week de heer De B. uit Blaricum in beeld kwam. Kees van Kooten kan heel vieze mannen neerzetten, maar hij verliest het van deze handelaar in Filippijnse au pairs, die écht zo ranzig is. Zijn praten over zijn eigen Filippijnse vrouw, zijn wachten op zijn meisjes op Schiphol, zijn reageren op een kind en zijn luisteren naar een of andere rijke troel die graag zo'n oosters speeltje wou. Deze uitzending was gecombineerd met buschauffeur Willy, uit Eindhoven, die sneue mensen opleidt tot auralezer en regressietherapeut. Fascinerend. Ik vraag de VARA om komende winter alle uitzendingen op de late zaterdagavond te herhalen en ik raad iedereen aan ernaar te kijken. Smul van de details, de simpele geesten en de meedogenloze manier waarop Van Erp zijn personages zichzelf onderuit laat halen. Hij doet niets. Hij stelt alleen de vraag en de hoofdpersonen lopen gratis leeg. Na de laatste uitzending was ik vooral door de louche meisjeshandelaar verbaasder dan verbaasd, maar gelukkig werd dit gevoel ingehaald door de realiteit. Hoorde het ware verhaal van een mevrouw bij ons in de gordel, die een Filippijnse au pair heeft voor haar drie hondjes. Echt waar? Echt waar! Niet verzonnen? Niet verzonnen.

SPONSORKUNST

Je kan komend voorjaar alleen naar het concert van de Backstreet Boys als je een rekening hebt bij de Postbank. Tenminste: de rekeninghouders van de goede oude Giro krijgen voorrang bij het bestellen van de kaarten. Volgens Mojo, de organisator van het concert in de Arena, wordt dit een trend. Ook de pr-mevrouw van de Postbank bevestigt dit. Ze hadden bij de Stones ook zo'n succes met de voorrangsregeling en ze vertelde tussendoor dat de zingende trui Marco Borsato onlangs had opgetreden voor consumenten van Smiths Chips. Peppi van Kokki heeft mij ooit verteld dat hij in de jaren vijftig door het land trok met een schnabbelcircus dat uitsluitend optrad voor drinkers van Tik Tak-koffie. Deze zogenaamde Tik Tak-revue reisde van Rodeschool tot Wemeldinge en deed alle patronaatsgebouwen en theatertjes aan. Het was een aldoor wisselend gezelschap met een goochelaar, een paar zangtypes, een conferencier annex moppentapper en een half mank ballet. Volgens Peppi van Kokki was het alleen maar lachen, en door het vele overnachten in provinciehotels een overdaad aan seks, drugs en rock & roll. Samen met De Spelbrekers en Joop de Knegt jagen op Mimi Kok. Maar die tijd komt dus weer terug. Nog een jaar of wat en je mag alleen naar Ajax als je een ABN-Amro-rekening hebt. Het Concertgebouw doet al jaren aan deze handel. Daar wordt regelmatig een rij of wat ingenomen door relaties van een vaag softwarebedrijf of een duistere beleggingsmaatschappij. Bij het EK-voetbal in 1996 waren hele vakken in het stadion verkocht aan sponsor Nationale Nederlanden en dit bedrijf vulde de stoeltjes met tussenpersonen met hun partners. U weet hoe een verzekeringstussenpersoon eruitziet?

Het zijn morsige automatenkoffietypes. Meestal zie je zo'n man in zijn eentje in het tl-licht van zijn eigen kantoor en dan gaat het wel, maar ik kan u verzekeren dat het heel erg is als je opeens zevenhonderd verzekeringstussenpersonen richting Wembley ziet marcheren. Jackje van de sponsor, mutsje van de sponsor, vlaggetje van de sponsor en op naar de wedstrijd. Nooit eerder zag ik zo'n droef tijdsbeeld. Een mevrouw voorop met een Nationale Nederlanden-vlagge-tje en al die sneue schapen erachteraan. Daarachter liep een clubje van KPN Telecom minstens zo treurig te wezen. Persoonlijk kan ik er niet tegen. Een theater hoort hete-rogeen gevuld te zijn. Daarbij lijkt het me verschrikkelijk om een avond naast een collega te zitten om in de pauze naar zijn gereformeerde mening te moeten luisteren. Wat denkt u van de nuchtere RTL-opinie van die blonde type-trut? Zal het nog een keer zover komen dat het niet meer mogelijk is om via de kassa naar het theater te kunnen en dat je alleen nog maar kaartjes kan bestellen als je Knorr-sauzen over je vlees gooit? Misschien krijgt ook de artiest nieuwe regels. Violist speelt de reclametune van de betreffende firma, danseres danst het logo of dat de organi-serende fabriek aan de cabaretier van dienst vraagt de naam juist wel of niet te noemen.

'Maakt u maar een grapje hoor, mag best negatief zijn, als u ons maar noemt.'

Spelen de Backstreet Boys komend voorjaar in giroblauw en hoe kom ik aan een kaartje? Ik heb jonge kinderen en zij zijn gek op deze plastic jochies, maar moet ik nu naar een Postbank om een rekening te openen? Ik ben bang van wel. Ik ben namelijk wel principieel, maar hou nog meer van mijn kinderen.

Ik stel wel een voorwaarde: als ik maar niet mee hoef naar

deze eigentijdse, door de platenmaatschappij verzonnen Monkees. En ik ga zelf vast een beetje repeteren op mijn nieuwe openingszin voor het volgend seizoen: 'Goedenavond Story-lezeressen en Libertel-abonnees, welkom in de Venco-zaal van het VSB-theater. Zit u lekker in uw Robeco-stoeltje? Ik hoop dat u mij dankzij Sony goed kunt horen en dankzij Philips goed kunt zien.'

En als Viagra gaat steunen moet je stoppen.

OORLOG

Dus er is oorlog met Irak om de impeachment-procedure te voorkomen, zij het dat dat niet gelukt is. De klucht gaat gewoon door. De Republikein Livingstone heeft inmiddels bekend dat hij in zijn 33-jarig huwelijk meerdere malen buiten de deur heeft gegeten. Zijn bekentenis werd met een staande ovatie ontvangen en hij babbelt verder rustig mee over de buitenechtelijke erecties van de president. Het is natuurlijk ook lekker als een deskundige zich over het onderwerp buigt, maar ik ben bang dat er in deze zaak heel veel deskundigen meekakelen. Is die Monica een oorlog met honderden doden en gewonden waard? En waarom doen de Engelsen wel mee en de Fransen niet? Omdat bij de Fransen het vreemdgaan bij de cultuur hoort. Het is voor hen hetzelfde als wijn drinken en kaas eten. Dan zouden de Fransen altijd oorlog voeren. Dat Nederland niet meedoet is logisch. De oorlog valt gedeeltelijk in het weekend en dan zijn onze jongens vrij. Daarbij vallen de bommen en granaten tegenwoordig onder de Arbo-wet en ze zijn te zwaar. Je kan rugklachten krijgen.

Afgelopen woensdagavond om 11 uur begon Clinton te gooien en ik merkte dat het me niks deed. Ik zat net na mijn voorstelling met twee journalisten te praten, en toen iedereen riep dat ik moest komen kijken, had ik geen haast. Ik ken de beelden en het geheel doet me steeds denken aan de jaarwisseling. Als een commentaarstem vertelt dat ook in Bagdad het nieuwe jaar uitbundig verwelkomd werd, dan geloof ik hem onmiddellijk. Ik mis alleen nog de patat-zak met vingers van de anti vuurwerkreclame.

Op de radio legde een wapenmeneer uit hoe precies de nieuwe bommen zijn. Je tikt in: Kerkstraat 363 te Bagdad en dan valt hij op het pandje Kerkstraat 363 en niet op 361 of 365. Het is eigenlijk niet leuk meer. Het echte ouderwetse handwerk bestaat niet meer. Wat dat betreft was het vroeger veel leuker. De mannen die Hiroshima en Nagasaki plat mochten gooien moesten nog echt ouderwets kunnen mikken, maar vandaag de dag kan iedereen het. Laatst zat ik in een auto met zo'n boordcomputer. Je geeft je bestemming op en een vriendelijke vrouwenstem vertelt je hoe je moet rijden. Dat systeem hebben we te danken aan de vorige Golfoorlog. Heerlijk.

Ik schrijf dit stukje in een Rotterdamse hotelkamer, vanwaar ik uitkijk over de Coolsingel. Alleen het stadhuis staat nog overeind, de rest is nieuwbouw. Weggebombardeerd. Onderhand schemert en schettert CNN. Dat kun je bij ons in het dorp niet krijgen. Ik probeer het allemaal te bevatten. Hoe hard is hier geschreeuwd? Op deze plek, in deze stad? Hard, heel hard! En nu zit ik op diezelfde plek lacherig te lezen dat Marijnissen een spoeddebat wilde, maar dat de rest van de Kamer dat weigerde. Komt die Clinton mooi weg. In deze zelfde stad is morgen de oorlog Feyenoord-Ajax en men vreest het supportersgeweld meer dan ooit. Miljoenen Nederlanders zijn meer geïnteresseerd in de uitslag van deze wedstrijd dan in die van het duel tussen Bill en Saddam. Die uitslag is al bekend. Saddam verliest. Heeft absoluut geen thuisvoordeel. Het is de laatste stuiptrekking van een bijna afgezette president. Dus eigenlijk is het de schuld van Monica Lewinsky. Ik denk na over het woord kruisraket. En dan schiet mij niets anders te binnen dan het simpele woord sigaar.

STEFFENBERG

Het hele Steffenbergverhaal in Vught vind ik zo armoed-
zaaierig. Je leest over een miljonairsdorp, deal op de golfclub, rijke mensen die de koppen bij elkaar hebben gestoken en dan blijkt het flatgebouw niet meer dan drie komma
zeven miljoen waard te zijn. Wat een ziekenfondsgehucht.
Bij ons in de gordel betaal je dat voor twee lekkende pand-
jes in een tussenstraatje. En ze moesten het nog met negen
man ophoesten ook. Iets meer dan vier ton per persoon.
Dat betaal je bij ons voor een garage zodat je je auto kunt
stallen. In mijn stamkroeg laaide de discussie over dit
onderwerp afgelopen woensdagavond behoorlijk op en ik
stond een beetje schaamrood mee te stamelen. Zelf ben ik
namelijk al jaren Vughter dan Vught. Ik woon op nummer
630, maar ben tevens eigenaar van nummer 624 tot en met
638. Waarom? Deels belegging, deels bescherming van
mijn privacy.
Het begon een jaar of zes geleden toen mijn aardige
Amsterdamse buren vertelden dat ze gingen verhuizen naar
Heemstede. Hun huis kwam te koop en zij hielden een
kijkdag. Nog nooit heb ik zoveel schorriemorrie gezien.
Veel BMW's en Volvo's waaruit gelifte dames stapten,
maar dat was nog niet het ergste. De tongval van die mensen. Die stuitende zachte g. Een man kwam naar me toe en
vertelde dat hij van de hockeyclub MOP was en wel wat
familie van mij kende. Hij zocht een pandje voor zijn
dochter, wilde het huis kopen en onmiddellijk opsplitsen,
dan had hij in één klap de aankoopprijs eruit. Mijn vrouw
en ik zaten 's avonds te kniezen bij de open haard en ik
vroeg me af of het invloed op de wijn zou kunnen hebben.
Ik heb nogal wat mooie jaren in mijn kelder liggen en wist

niet of die wijn last zou kunnen hebben van buren met een zachte g. Het zoemt toch door de muur. Daarbij hebben wij kinderen in de kwetsbare leeftijd en die wilden we niet blootstellen aan dat taaltje en de kleinsteedse opvattingen van deze lieden. Kortom, ik heb het pand naast me gekocht en voor een zacht prijsje aan wat Amsterdammers verhuurd.

Maar toen begon de huizengekte. In no time wilden al mijn buren richting Haarlem of Aerdenhout en elke kijkdag zag de buurt zwart van de gebontjaste zonnebankblondjes, die naar een lekker pied-à-terre in de stad kwamen kijken. Nou had Freddy Heineken mij ooit verteld dat hij na zijn ontvoering uit voorzorg half Noordwijk had opgekocht en dat leek mij ook wel wat. En zo is het gekomen dat ik inmiddels de hele rij op onze gracht in bezit heb. Ik ben er overigens niet slechter van geworden, daar het hele zooitje ondertussen drie keer zoveel waard is geworden.

In het begin heb ik het verhuurd aan gewone blanken, maar daar ben ik snel van teruggekomen. Na een stevige echtelijke ruzie wist ik dat de hele buurt woordelijk had genoten en ook een vrolijke lawaaiwip was niet meer voor ons weggelegd. Iedereen deed mee. Dat werd binnensmonds neuken en niets is erger dan dat. Dus toen de eersten kwamen vertellen dat ze toch wat meer tuin wilden, was ik degene die ze onmiddellijk gelijk gaf en zelfs meezocht in het heerlijke Lelystad of het mondaine Almere. Daarna stopte ik de verdieping vol met nederige Pakistani, bedeesde Tamils of bange Irakezen. Lieve angstige mensen, die zo blij zijn met hun woning dat je maar hoeft te kijken of ze lopen al te bezemen. En dat is meestal ook hun (zwarte) werk, dus dat kunnen ze goed. Ander voordeel is dat ze geen van allen in het bezit zijn van een auto, dus bij mij heb ik nu plaats zat voor mijn eigen Volvo, de MG van mijn vrouw, de Golf van mijn dochter en mijn weekend-Rover uit 1955. Maar het belangrijkste is toch dat ik heb kunnen voorkomen dat onze buurt vergeven werd van Brabantse nouveaux riches, skyboxhouders van PSV en ander eng spul. En op onze schoorsteenmantel staat een kerstkaart van Schelto Patijn persoonlijk, met de prachtige tekst: 'Bedankt, en een mooi '99.'

OORMERKWEIGERAAR

Mensen met een walkman op hun hoofd hebben iets sneus. Vooral tegenover je in de trein. Donderdag moest ik zo'n swingende sukkel erop attenderen dat zijn telefoon ging. Vervolgens voerde de man een langdurig ouwewijvengesprek met een vriend over voetbal, over het wat tegenvallende kerstpakket en over de vraag waar een zekere Henk het allemaal van betaalde. Toen hij ophing zette hij zijn koptelefoon weer op en mocht de hele coupé meegenieten van het eentonige ritme van zijn belabberde muziekkeus. Misschien is het een ideetje voor de NS om buiten de stiltecoupé ook een aantal treindelen beschikbaar te stellen voor bepaalde soorten lawaai. Een housewagon, een klassiekemuziekkarretje, een polonaisecompartiment, een coupeetje jazz, een ouderwetse restauratiewagen en een deel waarin alles verboden is. Praten, walkman en vooral die trieste GSM. GSM betekent in België *Geen Snoer Meer*, maar dit terzijde.

Tijdens mijn ergernistochtje tussen de Nederlandse rails las ik een gesprek met de oormerkweigeraar Henk Brandsma, een nuchtere Fries die geen woord Sanskriet sprak. Hij wil niet als dierenbeul door het leven gaan en vindt die krengen een onnodige vorm van kwelling. Hij laat zijn beesten ook hun natuurlijke hoorntjes houden, ze krijgen gewoon voer en mogen in de zomer van hem zo lang mogelijk in de wei blijven. Inderdaad: die Brandsma is een psychiatrisch geval en een gevaar voor de samenleving. Men overweegt nu om zijn veestapel tegen de muur te zetten. En met hem de veestapels van zeventig andere oormerkweigeraars. Ik gaf een schreeuw in de overvolle coupé en vroeg aandacht voor deze gekte, maar men keek meer dan verstoord. De conducteur zei dat ik bij herhaling er bij het volgende station uit zou worden gezet. Er zaten zeven mensen met ski's in de trein. Ze gingen een dagje wintersporten in de Amsterdamse Arena en hadden wel iets anders aan hun hoofd.

Afgelopen zomer liep ik langs een Vlaams weiland, keek in de zachte koeienogen van een hele lieve blaarkop en schoot vol toen ik die rare gele flappen in die oren zag. Het hele weiland stond vol met dat soort beesten. Europese richtlijnen. En waarom? Omdat de dochter van Maij-Weggen, de broer van Cresson en de oom van een zekere Marin, een bedrijfje in oormerken, aanbrengtangen en een oormerkenregistratiecomputerprogramma hebben. Zo simpel is dat. Want laten we maar meteen zeggen waar het op staat: Van Buitenen heeft gelijk. Dat hele Europese Parlement is zo corrupt als de neten. Ze hebben al een keer aangetoond hoe er gesjoemeld wordt met de te declareren kilometers en de handtekeningen op de presentielijst. Zelfs de zwartste-kousen-GPVer viel door de mand. Wat een prachtig beeld van de geschorste Van Buitenen, die op zijn koude zolderkamer achter zijn ziekenfonds-pc'tje het Europees Parlement bestookt. David daagt Goliath uit. Even de beerputdeksel op een kier gelegd en hij kon meteen gaan. Hij belemmert zogenaamd het justitiële onderzoek. Natuurlijk niet. Hij zorgt dat er eindelijk eens iets naar buiten komt. Toen ik las dat onze eigen koninklijke schoonvader Hans van den Broek sprak van een 'media-hype' en een 'heksenjachtachtig karakter', wist ik helemaal zeker dat het waar was. Waarom is die Van Buitenen nou eigenlijk geschorst? Omdat hij het parlement een rapport heeft bezorgd over zaken die hij als lagere ambtenaar van de financiële controle heeft waargenomen. Dat is toch zijn goed recht? Je mag het parlement toch even vragen de GSM terzijde te leggen en de prietpraat te staken om te luisteren naar het feit dat de trein de verkeerde kant oprijdt? Nee, dat mag niet. Dan klap je uit de school.

Ik kan het niet uitleggen, maar er brandt de laatste maanden een onderhuidse drang naar geweld in mij. Geweld zonder pijn. Oormerken dat zooitje. Meedogenloos oormerken. Volgens hun eigen folders voel je dat namelijk absoluut niet.

SUPPORTERS

Er is 'hondelul' geroepen op de tennisbaan. Of is het 'hon-denlul'?

Doet het ertoe? Het is geroepen en dat is veel belangrijker. Soms kan ik me zo schamen voor mijn eigen volk. Ik kijk naar Richard Krajicek in Melbourne en hoor de Hollandse proleten boven alles en iedereen uit. Af en toe worden ze in beeld gebracht, geheel in het oranje gehulde dronkelappen, roodwitblauw geschilderde gezichten. En maar schreeu-wen. Je hoort ze aftellen voor een wave, het meest achter-haalde en provinciale dat in een stadion denkbaar is. Je hoort ze verschrikkelijke dingen roepen en aan het accent hoor je dat het geen adel is.

Nederlanders in het buitenland worden vaak baldadig. Lekker ver van huis. Lekker zuipen, lekker roepen en wat helemaal nieuw is: de tegenstander uitschelden. Wat wordt de volgende stap? Gooien? Smijten? Knokken? Las dat Richard zelf ook verbaasd was. En geïrriteerd natuurlijk. Terecht. Tennis was een van de laatste Benidormloze spor-ten.

In Heerenveen is onlangs het schaatsen gesneuveld. De tegenvallende Romme werd uitgefloten, sommige rijders werden gehinderd door uiterst irritante en ook schadelijke laserstralen in hun ogen en er werden munten op het ijs gegooid. Het echte Thialftijdperk is dus voorbij. Nou komt dat natuurlijk ook door Sanex, Aegon en Sense. Het gaat om totaal andere belangen. Je hoort nu onderling gezeur over sponsorpakjes en het dieptepunt zag ik vorige week: Ids Postma aan het werk in zijn stal, maar omdat de televi-sie erbij was moest hij zijn sponsormuts op. Opeens wordt zo'n man tragisch en de lulligheid van de jaren negentig overduidelijk. Koeien met pijnlijke gele flappen en de baas met een wollen muts met Aegon erop. Die band moet wel bewaard worden. Menig archeoloog kan er over twee eeuwen op promoveren. Dan mag meteen de onsmakelijke reclamespot van Anton Geesink voor de SNS-bank erbij. Ik bedoel die vieze grote Anton die gevloerd wordt door dat kleine jongetje. Ook zo'n schitterend tijdsbeeld. Ik denk dat de bank het spotje voorlopig van de buis gehaald heeft.

Moet wel lachen om de hele IOC-affaire. Zo'n club mannen, die rinkelend van het smeergeld van bordeel naar bordeel trok en telkens naar huis terugkeerde met mooie cadeaus, vette Mercedessen en goede baantjes voor mislukte familieleden. Zou Anton ook wel eens gezwicht zijn voor een mooie snol? Misschien een leuk reclamespotje: beroemd IOC-lid betreedt Yab Yum om aan zijn sigaar te laten trekken door een ranke Thaise. Het is maar een idee. Zeg nou niet dat ik Anton verdenk, het is louter fantasie en dat is al erg genoeg.

Toch weet ik één ding meer dan zeker: iedereen die nog in sport gelooft is op z'n minst in de war. Het gaat binnen de sport nog maar om één ding en dat is poen. En elke moraal moet daar voor wijken. Alle middelen worden ingezet. De contractbreuk van de Broertjes, het epo van de Tour, het smeergeld van de IOC-leden en alles wordt zachtjes geregisseerd door Nike, Coca-Cola en McDonald's. Daar kan je toch niet meer nuchter naar kijken?

Zelfs de tenniswereld schijnt vergeven te zijn van de stimulerende rotzooi. Korda is als eerste betrapt en als morgen de rest bekent dat ze al jaren stijf van de chemicaliën staan te serveren, ben ik de laatste die verbaasd is. Ik geloof helemaal niemand meer. Eigenlijk moet ik niet zeuren over alle dronken supporters aan de rand van het tennisveld, in de ijshal en op de voetbaltribune. Misschien is dit nog de enige manier om sport te ondergaan. Alleen straalbezopen valt er nog wat te genieten. Als je het namelijk nuchter bekijkt, zie je de onzin en de leugens. Maar ik bekijk de supporters nuchter, schaam me voor mijn eigen volk en weet weer een reden om Schiphol niet uit te breiden.

ACADEMIES

Ik speelde deze week in Heerlen en moest regelmatig denken aan Piet van Zeil, de oud-burgemeester van deze stad. Hij werd 'de kleine krabbelaar' genoemd. Waarom? Het was een sjacheraartje. Liet zijn goten door de gemeente bladervrij maken en de plaatselijke plantsoenendienst gaf wel eens drie afrikaantjes in zijn achtertuin een slokje water. Dat werk. Zijn afkomst hoeft u niet te raden. Inderdaad: CDA.

Waarom ik aan hem moet denken? Komt door Anton Geesink. Anton is lief. Zag hem in *Middageditie* voorzichtig spartelen. Nog steeds over die vijfduizend dollar, de stichting 'Vriendjes van Anton' en de Mobiele Olympische Academie. Die 'academie' blijkt niets anders dan een gesponsorde Nissan met een stapel folders te zijn. Tot voor kort dacht ik bij een IOC-lid aan kaviaar, champagne en het Savoyhotel, maar ik moet mijn beeld bijstellen. Gewoon een karbonaadje en een glas halfvolle melk bij Van der Valk.

Anton is lief. Hij declareerde 240 gulden bij Erica. Dat zijn van die bonnetjes die bij mij per ongeluk mee de wasmachine in gaan. Hij kreeg van de gemeente Salt Lake City vijfduizend dollar. Als de Broertjes dat lezen dan gieren ze het uit. Voor dat bedrag wordt in de voetbalwereld niet eens een rondje getoept. Daarbij kreeg niet Anton dat geld, maar zijn 'academie'. Wat een schat.

Ik denk aan Tokio '64. Ik was tien en werd diep in de nacht door mijn broers gewekt om naar de radio te luisteren. De judofinale tussen de onverslaanbaar geachte Kaminage en Anton Geesink. Eigenlijk wist iedereen amper wat judo was. Een of andere Japanse pyjamasport. Anton won glansrijk en werd bekender dan de koningin. Er werden miljoenen judopakken verkocht. Alle jongetjes gingen op judo en ik weet nog dat ik de volgorde van de kleuren banden uit mijn hoofd kende. Nu weet ik alleen nog dat zwart het beste is. Utrecht kreeg een Anton Geesinkstraat, hij opende alle winkels, gaf demonstraties en ga zo maar door. Ik hoopte in die tijd dat hij zou trouwen met Sjoukje Dijkstra. Leek me prachtig. En eigenlijk is-ie daarna altijd in het nieuws geweest. Wel een beetje krampachtig. Waarom? Omdat hij weet dat hij bij een club hoort die niet deugt. Dat weet Willem-Alexander ook.

Anton mag blijven. Hij is geen Cresson en zeker geen Marin. Ben je gek. Hij is een kleine krabbelaar, een vertegenwoordiger in geurkaarsen, die honderdduizend kilometer opgevouwen in een Nissan zit. Zonder chauffeur.

En opeens zie ik het voor me: over twintig jaar loopt Barney daar. Wie wist tot vorig jaar dat *darts* een sport was? Een kroegspelletje, meer niet. En met Raymond zal het dus ook zo gaan. Even krijgt de postbode de aandacht die hij verdient, tot een eigen tv-show aan toe, maar we zijn al bijna uitgedart.

En dan? Dan krijgt Raymond een Nissan en een stapel folders en verdwijnt in de file. Als IOC-lid. Niks miljonair. Broodje bal bij de Shellpomp en een bonnetje btw.

ONZEKER

Terwijl in Colombia de aarde schudde en hele gezinnen werden bedolven onder hun eigen huis, zaten ze op het hoofdkantoor van de Rabobank in Utrecht een verzekering tegen de waardevermindering van je huis te bedenken. Zo heeft elk land zijn eigen problematiek. Volgens een Veendamse makelaar is het allemaal niet nieuw. Bij hem kan je je hier al jaren tegen verzekeren. Het heet de 'woon-rust-huiswaarde-hypotheekgarantie'. Ik zie meteen de copywriter voor me die deze term bedacht heeft. Hij staart genoegzaam naar zijn beeldschermpje en leest hardop: *woonrust-huiswaarde-hypotheekgarantie!* Heel even voelt hij een lichte erectie. Wat een vondst.

Wat zijn we toch een land van tutmussen en waakvlammetjes met onze bloeiende verzekeringsbranche. Nederland heeft de hoogste verzekeringsdichtheid ter wereld en we verzuipen dan ook bijna in onze sneeuwgaranties, zonverzekeringen en ander risicogeneuzel. Eigenlijk vind ik dat we nog lang niet ver genoeg gaan. Ik doe de assurantiemaatschappijen de volgende voorstellen:

- *Alimentatieverzekering:* Lijkt me simpel. Kan je afsluiten voordat je gaat trouwen. Voor het geval je huwelijk strandt en je vrouw zich na afloop ontpopt tot een afpersend zeurmokkel, dat maandelijks je halve verdiende loon opeist. En andersom natuurlijk! Voor het geval hij alle spaarcenten in dat nieuwe huppelkutje duwt en met haar aan Caribische stranden gaat liggen braden.

- *Asielzoekerpolis:* Wordt binnen de branche de 'Vughtelingenpolis' genoemd. Deze is voor het geval dat je in je zeikerige villawijkje een gros gevluchte negers als buren krijgt. Je kan dat natuurlijk al gedeeltelijk opvangen met de woonrust-huiswaarde-hypotheekgarantie, maar dan krijg je alleen de waardevermindering op je huis terug. Deze polis regelt dat je het door de overheid aangewezen flatgebouw kan opkopen en het bespaart je de blamage van de huidige eigenaren van De Steffenberg, die een hypotheekje moesten afsluiten.

- *Mislukte Kinderengarantie:* Zullen veel ouders willen afsluiten. In de wieg lijken het vaak blakende gymnasiastjes met een gouden toekomst, maar inmiddels weet iedereen dat het in de praktijk toch anders loopt. Op de lagere school gaat het nog, maar als de eerste puberpukkels verschijnen gaat het veelal hopeloos mis. Dan worden ze vaak niet alleen opstandig, maar blijken ze ook nog te dom voor de mavo. Deze polis zorgt voor alle bijlessen, huiswerkklassen en zelfs eventuele internaten en je kan een extra pakket nemen dat ervoor zorgt dat het inkomen van je kind zodanig wordt aangevuld dat het kan blijven leven zoals het bij de ouders leefde. Dus het kan ondanks het magere salarisje blijven hockeyen, golfen, wintersporten en diepzeeduiken.

- *Michelinsterrenpolis:* Je bent een topkok, een van de besten van het land en je laat je door ranzige Endemollen omlullen dat je op tv moet gaan koken met tweedehands Van der Togtjes en aanverwante Holtjes. Daarbij dwingen ze je zelfs om openlijk Iglo, Smeltjus en Croma te gebruiken omdat die het programma sponsoren. Door deze Aalsmeerse glamourstatus gaat je restaurant ten onder en geen enkele Van der Reijden stelt je na afloop schadeloos. Vandaar deze verzekering.

- *Doorzonverzekering:* Dit moet een allesdekker worden en verwezenlijkt alle niet waargemaakte dromen. Je wou een prachtvrouw en woont met een bril of je wou een kanjer als kerel en woont met een windjack met Donald Duck-sokken. Je wou directeur worden, maar je bent klerk. Je wou vrienden en kennissen, maar je hart tocht chronisch. Je wou een Rolls en zit in een Schicht. Kortom: de gezinspolis voor iedereen. En daarom absoluut onhaalbaar. Een niet op te hoesten premie en een onbetaalbare schade.

MUSSEN

Zal de vliegangstige Bergkamp ook naar de Bijlmer-enquête kijken? Lijkt me leerzaam. De vliegtuigen worden dus door schijterige Gaalmannetjes nagekeken en die krijgen in de hangar een pistool tegen hun hoofd met de koele mededeling: 'Tekenen sukkel! Anders ben je je baan kwijt.' Vijfentwintig pagina's achterstallig onderhoud. Vijfentwintig! Of ik tijdens zijn verhoor medelijden met die Gaalman had? Ja! En of ik denk dat hij tussen nu en de lente van een flat in de Bijlmer springt? Ja! Ik raad het hem af. Als iedereen die zich in deze stinkende affaire schuldig voelt denkt: ik ga *going down* van een Bijlmerflat en dat ook werkelijk doet, krijgen we extra verkeersinformatie. Een vliegtuig kan inslaan, maar een enquête doet dat zes jaar later minstens zo hard. Ik zit verbaasd en af en toe verbijsterd voor de buis, vraag me af wat de Urkse jeugd zaterdagavond doet en of ze richting Schiphol willen om daar een ruitje of honderd van die verkeerstoren in te kinkelen.

Spreeuwen en mussen zie je passeren. Allemaal bange stropdasjes die hun advocaat willen raadplegen of door hun geheugen in de steek worden gelaten of dachten dat die ander het wel zou zeggen... Bange mannetjes onder ede. Afgelopen oktober werd er bij ons thuis verbouwd en daar ging een simpele sloop aan vooraf. Een paar jongens vertelden dat hun bedrijf ook bij de berging van de Bijlmer-Boeing had geholpen en dat een van hun collega's daarna getroffen was door een mysterieuze ziekte. Hij zou binnen een paar weken sterven. Hopelijk is hij nu dood en hoeft de man, vader van twee kinderen, niet te zien welke bange hufters jarenlang hebben geweten wat de oorzaak van zijn ziekte was. Sloper gesloopt.

'Het viel niet onder mijn verantwoordelijkheid,' zei Knook, die wist welke rotzooi er aan boord was, en gaf toe dat hij naast de minister zat toen ze zei dat het om bloemen en parfum ging. Maar daarna heeft die lummel toch al die verhalen gehoord en gelezen? Vreemde ziektes, rare verlammingen, geheugenverlies en weet ik veel wat... Dan valt het toch onder je verantwoordelijkheid als mens, vader, buurman of weet ik veel wie om op je dak te gaan staan en te roepen: 'Hallo, er wordt door iedereen gejokt, gelogen en gebazeld. Niks parfum en bloemen, gif en niks anders dan gif! En daarom zitten jullie vol met kanker!' Wat zijn dit voor zieke, zwijgende geesten?

Knook schuift het af op Weck en Weck schuift het volgende week door naar Maij en Maij zegt vanuit het veilige Straatsburg dat ze het zo niet begrepen heeft en dat het in de regering besproken is, waarop Lubbers zegt dat hij zich er altijd buiten heeft gehouden en Kok zegt dat hij op dat moment voor Financiën in het kabinet zat en bij dit soort besprekingen altijd even een dutje deed en Jorritsma was op dat moment de tekst van *Don't Cry for me Argentina* voor een VVD-verkiezingsstunt op RTL uit haar hoofd aan het leren en...

Gistermiddag, iets voor twaalven, midden in de enquête, werd de zeer spannende, rechtstreekse uitzending om onbegrijpelijke redenen onderbroken voor het *Journaal* en *Middageditie*. Deze actualiteitenrubriek ging niet terug naar Den Haag, maar neuzelde over een Schotse film. Verward belde ik naar Hilversum om te vragen welke gestoorde hiervoor verantwoordelijk was. De meneer van de VARA verwees me naar de netmanager, de netmanager was er niet en zijn secretaresse zei dat ik de NOS-directeur moest hebben, deze was er even niet en ik moest maar naar *Voorlichting* vragen, maar die afdeling was lunchen en moest ik na tweeën terugbellen en toen hoorde ik dat de betreffende ambtenaar gewoon had zitten pitten en zich aan zijn regeltjes hield.

Kortom: ontluisterende schijtlijsters in een land van lafbekken en als het met verarmd uranium geladen vliegtuig op Wassenaar of de grachtengordel geflikkerd was, dan was het allemaal veel eerder bekend geweest.

ETHYLMERCAPTAAN

Precies een week geleden zat ik aan een tafel, vrienden. Etentje. Alles kwam langs: IOC, millennium, Geesink, het bijna doodzuipen van twee Rotterdamse corpsbrallers met een promillage van vijf, de Bijlmerramp, et cetera. Veel gelachen. In het kader van de El Al-Boeing vertelde een van de jongens een verbijsterend verhaal over een Nederlands vrachtvliegtuig dat onlangs onderweg was van een stad in Noord-Amerika naar een bestemming in Zuid-Amerika. Onderweg werd de driekoppige bemanning overvallen door een nogal vreemde geur, een niet te harden stank. Ze werden er zelfs misselijk van en waren bang om bedwelmd te raken. Twee van hen gingen in de vrachtruimte kijken en ontdekten een lekkend pakje. Volgens de vrachtbrief ging het om zeven liter ethylmercaptaan. Ze hadden uiteraard geen idee wat voor goedje dit was, dus werd Schiphol te hulp geroepen. Daar wisten ze het ook niet meteen, maar het werd nagekeken. Al snel meldde Schiphol zich. Het was levensgevaarlijk spul en het besluit tot een tussenlanding werd meteen genomen. Met de persluchtmaskers op werd er geland op het vliegveld van Bogota. Daar werd het spul van boord gehaald en de reis vervolgd. Afgelopen week ben ik bij twee bevriende chemici te rade gegaan en kreeg van hen de volgende officiële gegevens over het spul:

Ethylmercaptaan: Kleurloze vloeistof met typerende geur (walgingwekkend). Zeer brandbaar, de damp is zwaarder dan lucht en verspreidt zich over de grond. Bij verbranding ontstaan giftige gassen (zwaveldioxide) en het reageert heftig met oxidatiemiddelen met kans op brand en explosie. Het reageert met zuren onder vorming van een giftig en

brandbaar gas (zwavelwaterstof). De stof kan worden opgenomen in het lichaam door inademing en inslikken. Een voor de gezondheid gevaarlijke concentratie in de lucht kan door verdamping van deze stof bij circa 20 graden Celsius zeer snel worden bereikt. De stof werkt irriterend op de ogen, de huid en de ademhalingsorganen. De stof kan in hoge concentraties aanleiding geven tot bewustzijnsverlaging. In ernstige gevallen kans op bewusteloosheid.
En dit wordt dus door een Nederlands vliegtuig vervoerd zonder dat het in zestien beveiligde verpakkingen zit. Je zou toch denken dat zoiets dusdanig verpakt en vooral gecontroleerd wordt voordat het de lucht in gaat, zodat ieder risico dat het kan breken uitgesloten is. Nee hoor, gewoon in een pakje dat zo lek is als een Nederlands Kamerlid. De officiële gegevens melden ook nog wat je eigenlijk hoort te doen als het spul in een ruimte vrijkomt:
Explosiegevaar! Acuut gezondheidsgevaar. Gevarenzone ONMIDDELLIJK ontruimen en (laten) afzetten. Draag handschoenen, laarzen en verse luchtkap/persluchtmaskers. Extra ventilatie. Dit laatste lijkt me allemaal wat lastig als je ergens hoog in de lucht hangt. Je kunt moeilijk zeggen: 'Gooi even een raampje open.'
Ik durf te wedden dat het ethylmercaptaan-incident geen uitzondering is. Dagelijks vliegen er duizenden tijdbommenwerpers over ons hoofd en ik weet zeker dat er nog veel gevaarlijker spul dan ethylmercaptaan bij is.
U zult nu denken: er werd zeker flink gedronken bij dat etentje. Dan krijg je altijd dit soort Broodje Aap-verhalen. Iedereen komt dan met de meest stompzinnige story's over gevaarlijke situaties boven in de lucht, maar het is altijd een tante van een kennis van een kennis overkomen en daar was het eigenlijk weer een achternicht van. Daar ben ik het

volkomen mee eens, maar in dit geval hoefde ik het niet te checken. Waarom niet? De man die mij het verhaal vertelde was de gezagvoerder van het bewuste toestel.

TROETELKOERD

De wereld fikt, schreeuwt, koerdt, demonstreert, schiet, relt, huilt, moordt en brandt. Op het moment dat ik dit schrijf trekken de diplomaten zich uit Belgrado terug om ruimte te maken voor een stevig Amerikaans precisiebombardementje. Vandaag gaan de voorbereidingen waarschijnlijk beginnen en maandag wordt het raak. Er gaat ondertussen een gerucht dat Jeltsin Clinton persoonlijk gewaarschuwd heeft dat hij niet op de zielige Serviërs mag gooien. De Amerikanen ontkennen weer dat zo'n telefoongesprek heeft plaatsgevonden. En Jeltsin zelf weet het niet meer.

'Wie zei u?'

'Clinton. Bill Clinton!'

'En die heeft mij gebeld?'

'Nee, u heeft hem gebeld.'

'Wat doet die Clinton?'

'Hij is uw Amerikaanse collega. Hij is de president van Amerika!'

'Ben ik dat dan ook?'

'U bent president van Rusland!'

'Prima, laten we daar op drinken.'

Steeds als ik die radiografisch bestuurde Boris over de televisie zie schuifelen krijg ik last van dwarrellach. Wie bestuurt hem? Want diegene bestuurt ons ook. Het is toch angstaanjagend dat zo'n fossiel als Jeltsin een groot deel van de toekomst van onze planeet in handen heeft. Hij kan zeggen: 'Gooi Albanië plat' of: 'Neem wraak op Kosovo' en dan gebeurt dat. En hij overlegt dat met een gozer die opgewonden raakt als een bakvis zich met een sigaar zit te bevredigen. Nee, het komt echt goed met onze planeet.

We hebben het dan over echte bommen en niet over pepperspray in je handtasje. Dat zijn meer Beatrix haar problemen. Wat dat betreft word ik steeds lacheriger van ons land en ben ik toch wel blij dat onze Kamerleden niet alles onder de pet houden.

Afgelopen twee weken mocht ik de stad Utrecht vermaken en ik trof het. Het is daar Stadhuis Opstelten. Oppositieleider Westbroek, de Abdullah Öcalan van de Domstad, heeft het voltallige college in een interview in *Vrij Nederland* beledigd. De een kon van hem een acute dwarslaesie krijgen, een ander was een *troetelturk* en weer een ander zou fout zijn geweest in de oorlog.

Ivo Opstelten, de toenmalige burgemeester van Utrecht, was link en stuurde een boze brief naar VN en nu vraagt Westbroek, de Utrechtse troetelkoerd, aan minister Peper, ex-burgemeester van Rotterdam, of hij Opstelten, de huidige burgemeester van Rotterdam, aan zijn jasje wil trekken omdat volgens Westbroek, de toekomstige burgemeester van Utrecht, Ivo buiten zijn boekje is gegaan.

Kunt u het nog volgen? Ik niet. En ik wil het ook niet meer. Ik ben zo langzamerhand helemaal murw door politiek Nederland en begin steeds beter te begrijpen waarom die Bijlmerramp op Dierendag plaatsvond. Achter elkaar verschijnen struisvogels, blinde mollen, dove kwartels en domme ganzen voor de Enquêtecommissie. Weinig olifanten. Niemand heeft een geheugen.

Volgens mij is het de hoogste tijd voor een groot bevolkingsonderzoek, omdat heel Nederland lijdt aan alzheimer en korsakov. Het zit of in ons voedsel of in ons drinkwater of in de lucht. Er moet een oorzaak zijn. We zijn één groot vergiet.

Mooi moment om een weekje weg te gaan. Het grote risico

tegemoet. De sneeuw in. Skiën dus. En als ik onder een lawine word bedolven zal ik niet zeggen dat ik het niet wist. Ik ga voor het risico en zou het niet erg vinden als ik voor een week of wat ingesneeuwd raak. Gewoon weer eens een avontuur. Wel verzekerd natuurlijk.

Rijdend langs de SM-winkel bij mij om de hoek bedenk ik het woord 'schreeuwkettingen' en wens mezelf zachtjes een prettige krokus en u ook.

SNEEUW

Ik ken die Oostenrijkse ski-oorden uitsluitend uit het tele-visieprogramma *Het is hier fantástisch* van een zekere Ursul de Geer en weet niet beter dan dat het daar een door-lopende polonaise van ladderzatte landgenoten is. Zuipende en schreeuwende Telegraaf-lezers met een IQ dat gelijk staat aan de temperatuur ter plaatse en ik moet toe-geven dat ik bij het zien van die beelden wel eens dacht: een kleine lawine zou geen kwaad kunnen.

Zouden die lawines door die herrie zijn ontstaan? Dat de sneeuw al dat Hazes-gedoe niet aankan? Een straf van God. Natuurlijk is het erg wat er gebeurd is, maar als je met een paar miljoen mensen op een helling gaat zitten, loop je het risico dat er wat meer doden vallen als de sneeuw op natuurlijke wijze gaat schuiven.

Vroeger werd zo'n dal door negen boeren bewoond, maar sinds de opkomst van de sneeuwindustrie vinden wekelijks ware volksverhuizingen plaats. Met alle gevolgen van dien. Zit het skiën eigenlijk al in het ziekenfondspakket? De koningin is gered door een helikopter, maar Froger en Vanessa mochten niet met haar mee. Die moesten netjes op hun beurt wachten. Zelf zit ik ook in de Alpen, maar dan aan de goede kant. De Franse. Afgelopen dagen zijn we overstelpt door allerhande telefoontjes op paniektoon en het viel me vooral op dat mensen wat harder gaan praten. De verbinding was prima maar men sprak me toe alsof ik stokdoof in Timboektoe zat. 'Gaat het? Leven jullie nog?' krijste men vanuit ons land.

Volgens de Nederlandse Teletekst is ons dorp van de bui-tenwereld afgesloten en misschien is dat ook wel zo. Ik heb nog niet geprobeerd om het per auto te verlaten. Die is trouwens onvindbaar. Hier en daar spriet een antenne uit het wit en daar zal wel wat onder zitten. Ik ben hier om te skiën. Dat laatste is in mijn geval een iets te groot woord. Ik kom wijdbeens als een hoer de berg af en word door de Franse skileraar steevast *l'Arc de Triomphe* genoemd.

Uiteraard volg ik het trieste lawinenieuws wel, maar begrijp dat de commotie in Nederland heviger is dan hier. Hier is alles, op een paar afgesloten pistes en liften na, dan ook prima. In Oostenrijk en Zwitserland zitten duizenden gezinnen in hun tot appartementen verbouwde bezemkasten. En maar kaarten, risken en mens-erger-je-nieten. Heerlijk om te horen dat iedereen kreunpunt München belt omdat dat goedkoper is dan de andere kreunpunten.

Belangrijkste vraag is: wie gaat het betalen? Ik zie al een gezellige RTL-avond met Linda de Mol en Caroline Tensen. Voor de slachtoffers van de sneeuwramp!

Ja, wie betaalt het? Ons volk is aan alle kanten dichtverzekerd en ontrisicood, maar op een paar dagen vastzitten op een alp had niemand gerekend. Dus dat kost geld en atvdagen en dan wordt het voor een Nederlander een echte ramp. Dan moet de overheid bijspringen.

Is er al een postlawinehulpgroep en een lawineslacht-offevereniging? En hoe is het met de cocaïneverslaafde, die in zijn chaletje door zijn coke heen is en de hele dag naar die witte berg moet loeren? Dan zit je in een dalletje. Al nagedacht dat alle sneeuw nog moet smelten? Zijn we er in Limburg klaar voor? Eén ding is sowieso goed: duizenden Nederlanders hebben aangekondigd na deze ramp nooit meer te gaan wintersporten. Prima idee. Waarom? Is er eindelijk weer wat ruimte om te skiën.

VLEKTYFUS

Een oude vriendin van mij had met haar huisarts afgesproken dat hij haar, als het zover was, een euthanaspuitje zou geven. Op een dag hoorde ze hoe ziek ze was, overlegde met hem en het moment werd afgesproken. Maandag a.s., kwart over vijf. Haar over de hele wereld levende kinderen werden ingevlogen, een ontroerend afscheid volgde, de huisarts kwam, zag en overwon. Haar begrafenis was een feestje. Veel anekdotes uit haar bijna negentigjarige leven passeerden de revue. Ook had ze nog wat waarschuwingen nagelaten. Enkele mensen met wie ze nog een appeltje te schillen had zou ze vanaf haar wolk een stevige gordelroos bezorgen als ze na haar dood opeens heel positief over haar zouden praten. Ze hield niet van het schijnheilige motto 'Over de doden niets dan goeds'. Nou zit ik maar steeds te hopen dat de afgelopen week overleden Enneüs Heerma haar boven in de hemel al ontmoet heeft en dat zij hem wat adviezen heeft kunnen geven. Van mij mag hij in plaats van gordelroos vlektyfus uitdelen aan al die farizeeërs die afgelopen week over elkaar heenvielen om de oud-fractieleider te prijzen. Dan kunnen wij ze ook zien. Wat een hypocriet gelul. En hij mag de ziekte ook uitdelen aan al die achterbakse kerkgangers, die achter Enneüs' rug aan de poten van zijn stoel hebben gezaagd. Hilgers, Hillen en De Hoop Scheffer kunnen de medicijnen alvast bestellen.

Het hypocriete gedoe rond de dood van Heerma heeft onbewust bijgedragen aan de dramatisch lage opkomst bij de afgelopen verkiezingen. Net als de Bijlmer-enquête en het gedoe rond het Europees parlement plus het geneuzel rond Schiphol inclusief het niet aftreden van Sorgdrager, enzovoort.

Wat dit met provinciale verkiezingen te maken heeft? Niets! Maar ik heb de afgelopen weken tijdens de campagnes helemaal niets gehoord over provinciale zaken, maar dan ook echt niks. Ik zag een gênante Melkert, een dramatische Thom de Graaf en een impotente Dijkstal. Wanneer krijgen we weer echte debatten? Echte, consequente, voor hun idealen staande politici, die aftreden als ze falen of het ergens volledig mee oneens zijn! Wanneer wordt ons parlement weer een parlement, waar je lawaai hoort en emoties ziet! Het schandelijkste van de afgelopen jaren was dat een meneer van de SP 'Effe dimmen' zei tegen een meneer van de VVD. Dat was meteen *hot stuff* voor alle cabaretjes, actualiteitenrubrieken en columnistjes. Verder gebeurt er niks. Er is een lui en vadsig regeerakkoord, een vermoeide oppositie en een geeuwende parlementaire pers. Als men de kiezer echt terug wil winnen dan moet er weer politiek bedreven worden. Ruzie, lawaai, herrie, principes. Dan wordt het volk ook weer wakker. Als mijn theater leegloopt dan ligt dat niet aan het publiek maar aan mij. Je gaat niet naar een artiest die je niet meer prikkelt, boeit, ontroert of aan het lachen maakt. Als je als publiek ziet dat hij zijn kunstje vertoont op basis van routine dan haak je af. Dat geldt ook voor schrijvers, schilders, loodgieters en welk ander vak dan ook. En dat is er aan de hand. Wat dat betreft voorspel ik voor de Europese verkiezingen een opkomst van onder de twintig procent en dat ligt niet aan het weer. Gewoon weer wakker worden. Jorritsma moet niet dreutelen bij *Koffietijd* of keuvelen bij Frits & Henk, maar aan het werk. Zoveel tijd heeft ze voor haar aftreden niet meer. Neem nou Den Helder. Dat wordt bestuurd door een college van kleine krabbelaars. Met de creditcard van de gemeente naar *Miss Saigon* in Londen, zevenduizend gul-

den rookwaar per jaar declareren, sjoemelen met represen-
tatiekosten en rotzooien met kilometers. Alles is bewezen
en niemand is nog afgetreden. En dat soort gedrag zorgt
voor een lage opkomst.

Komende week speel ik in Den Helder en ik verheug me
zeer! De burgemeester vraagt: 'Waar komt u vandaan,
meneer Van 't Hek?'

'Amsterdam,' antwoord ik.

'Zo, dat is al gauw vijfhonderd kilometer'.

NARCOLEPSIE

Ik zag een reportage over een ziekte waarbij mensen zomaar in slaap vallen. Dus niet in bed, maar in de klas of op kantoor. Het heet *narcolepsie* en het schijnt niet handig te zijn. Klasgenoten beschimpen je en collega's schelden je uit voor 'ambtenaar'. Een dokter noemde het een nare ziekte, een patiënte ging er bijna aan ten onder en voor de familie is het eigenlijk het ergst. Volgens de familie dan. Gelukkig is er een narcolepsiepatiëntenvereniging en ik moet onmiddellijk denken aan de jaarvergadering van deze club. De voorzitter houdt een welkomstwoord en ziet dat de helft van zijn gehoor al binnen drie minuten zit te snurken. Mochten ze nog een vergaderruimte zoeken, dan is *Doornroosje* in Nijmegen misschien een idee. Ik ben van plan me aan te melden. Niet dat ik die ziekte heb, maar ik heb wel alle verschijnselen. Ik val namelijk ook overal in slaap. Vooral in theaters, bioscopen en concertzalen heb ik er een handje van. Mijn vrouw schaamt zich vaak dood en waarschuwt me al op voorhand: 'Niet gaan tukken, hoor.' Steevast beloof ik het niet te zullen doen, maar na een minuut of tien begint het. De gedachten gaan op reis, de wimpers worden zwaar, de kin gaat naar de borst en daarna strijd ik een kort schijngevecht dat ik telkens met veel plezier verlies.

Nou heb ik nog een nadeel: ik snurk als een os. Thuis in bed is dat al geen pretje, maar in een volle schouwburg is dat niet aardig tegenover de spelers. Mijn vrouw geeft mij steevast een por en meestal ontwaak ik dan met een verschrikt: 'Ja, ja, ja, ja...' Dat laatste is voor de dienstdoende kunstenaars meestal nog erger. Ik zal geen namen van gezelschappen en collega's noemen bij wie ik een redelijk hazentukje heb gedaan, maar ze mogen van mij aannemen dat ze er op twee na allemaal bijhoren.

Ik heb het altijd gehad. Ik ben onderweg in de trein van Amsterdam naar Den Bosch ontwaakt in Weert, toen de trein alweer op de terugweg richting Den Bosch was. Dus hij had Maastricht al gezien. Niks van gemerkt. Ooit werd ik 's nachts om half vijf wakker in een lege, donkere trein-coupé op het rangeerterrein in Amsterdam-Oost. Officieel moet de conducteur voor hij naar huis gaat nog een keer de lege trein controleren, maar deze had daar duidelijk geen zin in gehad. Vroeger heb ik een tijdje echt gewerkt. Bij een uitgeverij van vakbladen. Ik werkte er een dag of wat en mijn aardige chef Tom nodigde mij bij hem thuis in Haarlem uit op een feestje. Ik kende er niemand, bladerde door wat boeken bij de cadeautafel, ging even zitten lezen en viel onmiddellijk in slaap. Eerst zat ik nog, maar al gauw ging ik liggen. Iedereen danste op de meest harde muziek vrolijk om mij heen en vroeg aan Tom: 'Wie is dat?' Een nieuwe jongen van kantoor, van wie hij verder ook niks wist. Toen alle gasten al vertrokken waren maakte zijn vrouw mij wakker. Ze boden me aan te blijven slapen.

Het bontst heb ik het een jaar of zes terug gemaakt in Brunei. Ik zou voor de Nederlandse gemeenschap optreden en werd door een alleraardigste mevrouw van de Nederlandse Vereniging van het vliegveld gehaald. We waren met mijn voltallige bedrijf, oftewel negen mensen, onderweg. Ze kwam in het busje tegenover mij zitten en stak van wal. Ik kreeg te horen hoe groot Brunei was, hoe-veel inwoners er waren, waar ze van leefden, wat de gods-dienst was en hoeveel Nederlanders er woonden. Ik begon haar eerst heel zwoel aan te kijken, toen kwam het lood in de oogleden, ik dacht aan de avond ervoor en voor ze het

wist was ik vertrokken. Het hele busje kende mijn slaap-
ziekte en had het al lachend zien aankomen. Zij hebben het
gezwatel van de dame anderhalf uur moeten aanhoren en
waren na afloop allemaal stinkend jaloers. De mevrouw
was door mijn gedrag ronduit gekwetst. En ik had er niks
van gemerkt. Kortom: heb je die ziekte, niks aan doen. Het
is de lekkerste ziekte die er is.

VEELTEVELEVISIE

Eerlijk gezegd vond ik de acties bij de publieke omroep heerlijk. Normaal zet ik het journaal namelijk altijd iets te laat aan en nu was ik zowaar steeds op tijd. Eindelijk kon ik ook eens de koppen meepikken. Kortom: jammer dat ze eruit gekomen zijn. Mij beviel het namelijk wel. Zeker toen ik hoorde dat ze van plan waren om een aantal programma's qua tijd te halveren. Geen gek idee, maar helaas: de acties zijn ten einde en iedereen babbelt weer als vanouds. Er is veel te veel.

Alles moet op de buis. Zo zag ik deze week het Italiaanse journaal op RAI Uno, waarin men wel tien minuten stilstond bij de ontmoeting tussen paus Johannes Paulus en de beroemde Nederlandse schrijver Harry Mulisch. De paus was zichtbaar ontroerd en aangeslagen. 'Eerst Castro en nu zijn vriend Harry,' sprak de kerkvorst met een hoorbare kikker in de keel.

Moest onmiddellijk aan de sketch van Wim Sonneveld als opperstalmeester van Hare Majesteit denken. Dat is die conference waarin hij alle door de duizenden sneue sukkels aan de koningin aangeboden presentjes achter de rododendrons flikkert. De paus heeft ook zo'n type in dienst.

Donderdagavond zag ik op het Nederlandse journaal nog leukere beelden. De Russische procureur-generaal Skoeratov met twee sloeries in een bordeelbed. Hij was stiekem gefilmd en daarna gechanteerd. Hij weet op zijn beurt weer te veel van de corrupte hogerhuisleden en daarom durven deze mannen zijn ontslag niet te bekrachtigen. Nu mag hij blijven en ondertussen heeft de hele wereld de blote beelden gezien, maar na Bill, Monica en hun viespeuk is er toch niemand meer te shockeren? Zo gauw het donker wordt gaat iedereen rommelen, rotzooien, omkopen, graaien en vriendjespolitieken. Ik heb geen enkele illusie dat het in ons land beter of anders is. Maar zouden er bij ons politici gechanteerd worden? Hebben wij bordeelfilmpjes? Pooier Theo Heuft heeft afgelopen week zijn hoerenkast Yab Yum verkocht en volgens mij moet hij heel veel weten. Stel dat hij een keer dement wordt en vanonder zijn pet begint te lekken. Ik ga ervan uit dat Theo niet chanteert anders had hij mij wel een keer gebeld. Ik ben namelijk in Yab Yum geweest, en zowel mijn vrouw als kinderen weten dat vanaf de eerste seconde.

Misschien dat je iemand kan pakken op zijn zogenaamde politieke denkbeelden. Stel dat je weet dat de vrouw van de voorzitter van de partij, die expliciet pleit voor het gezin als hoeksteen van de samenleving, een paar keer per week uit hobby met haar lesbische vriendin ligt te hutseflutsen, terwijl hij doet alsof het bij hem thuis allemaal christelijke pais, vree, koek en ei is. Kan je dan aan zo'n man zwijggeld vragen? Natuurlijk niet. Werk en privé houden wij Nederlanders gelukkig gescheiden. Het zal de kiezer toch jeuken wat de vrouw van de voorzitter in haar vrije tijd doet? Die vrouw heeft niks met de oubollige gezinsopvatting van haar man te maken en mag gelukkig doen en laten wat ze wil. Daarbij werkt hij negentig uur in de week en weet amper hoe zijn hoeksteentje eruitziet. Maar mag je er over schrijven? Stel dat hij uitsluitend voor de PR met zijn hele gezin op audiëntie gaat bij de paus? Dan misbruikt hij toch dat zogenaamde gelukkige gezin? Of telt dat niet? Moet je werk en privé gescheiden houden? Is het nog wel een onderwerp?

Weet u dat het me zo langzamerhand helemaal niks meer interesseert wat iedereen doet als het licht uitgaat? Laat de procureur-generaal maar hoerenlopen en de Amerikaanse president moet het ook allemaal zelf weten. Net als de vrouw van de voorzitter en de licht dementerende schrijver, die zichzelf via een katholieke jurkendrager gaat promoten en bereid is om als tegenprestatie bij een dierenasiel hondenbillen af te vegen. Iedereen doet maar. Maar mag ik aan de televisiemakers vragen om het allemaal niet te laten zien. Kortom: ga staken!

KETEN

De wereld brandt, kermt en schreeuwt. Ik las gisteren in het *Algemeen Dagblad* een bericht over een 'vrouwvriendelijke' ambtsketen, die aanstaande dinsdag aan de burgemeester van het Veluwse Barneveld wordt uitgereikt en kreeg onmiddellijk de slappe lach. Vooral omdat de nieuwe keten niet zomaar tot stand is gekomen, maar is ontwikkeld door de *Werkgroep Ambtsketen,* die op initiatief van Annelies Verstand, nu staatssecretaris van Sociale Zaken en Werkgelegenheid, maar toen nog burgemeester van Zutphen, en Marie van Rossen, de burgermoeder van Hellevoetsluis, een jaar geleden is opgericht.

De dames bleken, volgens het AD, tegelijkertijd een subsidieaanvraag voor een studie naar een ambtsketen-nieuwestijl te hebben ingediend. Dus dat kan! Je kan een subsidie aanvragen voor de ontwikkeling van een nieuwe ambtsketen. Waar doe je dat? Bij Werkgelegenheid, bij OCW?

Of de subsidie er ooit gekomen is vermeldt het bericht niet, maar wel dat uit die subsidieaanvraag de negenkoppige werkgroep is ontstaan. De dames hadden overigens niet dezelfde bezwaren tegen de ketting. Integendeel. Verstand vond haar keten te zwaar en Marietje vond de hare te licht. De werkgroep is niet over één nacht ijs gegaan en heeft eerst richtlijnen opgesteld. Er is dus vergaderd. Er zijn notulen van die bijeenkomsten. Ik zie een parkeerterrein met negen babbelende chauffeurs, licht leunend op hun Mercedes, die wachten tot hun bazen uitvergaderd zijn over het gewicht, de hanteerbaarheid, de materiaalkeuze, de flexibiliteit en de vrouwvriendelijkheid van de nieuwe keten.

Ik vroeg mij af of de burgemeester van Zutphen überhaupt

een chauffeur heeft. Aan wie kan je dat beter vragen dan aan de voorlichter van de gemeente Zutphen. Maar die is op vrijdagmiddag onbereikbaar. Sterker nog: de hele gemeente Zutphen is op vrijdagmiddag onbereikbaar. Maandagochtend bent u de eerste.

Opeens dwarrelt Annelies Verstand weer door mijn hoofd, maar dan in dat carnavalskostuum op de laatste Koninginne-dag. Zij mocht Trix ontvangen en ging onmiddellijk de strijd aan om de belachelijkste-hoedjesbokaal. Voor dat hoofddeksel heeft ze zeker subsidie aangevraagd en gekre-gen.

Nu we er over een jaar of wat een hoop oorlogsveteranen bij krijgen, ben ik erg voor een *Werkgroep Medaille*. U weet zelf dat oorlogsveteranen vaak oud, trillerig en bacte-riegevoelig zijn en zich met gemak kunnen prikken aan onsteriele veiligheidsspelden. Daarbij hebben we steeds meer vrouwen in het leger en ik zou dan ook willen pleiten voor een tietvriendelijke onderscheiding. Dus niet meteen zo'n borstaccentuerende, koude plak, maar een lief lintje in de vorm van een rondje, daar het huidige lintje duidelijk door een man ontworpen is. Het is, hoe klein ook, een dui-delijk fallussymbool.

Misschien is het ook aardig om over piercings na te den-ken. Tegen die tijd hebben we namelijk gepiercete bejaar-den en is het helemaal niet zo'n gek idee om het kleinood aan de tepelring te klikken. Ik zeg niet dat het moet, maar de Werkgroep kan er over nadenken.

Zelf zal ik met Annelies en Marie contact opnemen zodat ze mij wat adviezen kunnen geven. Hoor net dat Hellevoetsluis maandagochtend dicht is. Dan komen ze bij van het weekend. Maar dan bel ik dinsdag wel.

Gaat de oorlog dit weekend trouwens door? Dat wel, maar

zonder ons. Dat staat in de Nederlandse soldaten-CAO.

Moet ook denken aan de burgemeester op wie in oorlogs-
tijd geschoten werd. De kogel trof hem niet. Hij werd
gered door zijn ambtsketen, een hele zware.

Zo, en nu is het weekend.

Hè, hè!

KRAB BIJ CAS

Moet steeds aan het bestuur van *De Steffenberg* in Vught denken. Hoe zullen zij op die slachtpartijen in Kosovo reageren? Misschien zijn ze wel opgelucht dat het opgejaagde volk de andere kant opgaat en niet richting Brabant komt. En van de omgebrachte Kosovaren hebben ze sowieso geen last meer. Vrolijk Pasen dus. Misschien is het handig als Spielberg de beelden van deze oorlog goed bewaart. Dat scheelt bij zijn volgende film een hoop figuranten.

Hoorde afgelopen week weer een verhaal dat je bijna weigert te geloven. Een vriend van mij woont in 't Gooi en zat in de spreekkamer van zijn huisarts. Dat is nog zo'n ouderwetse gediplomeerde dokter die, zolang hij met een patiënt bezig is, telefonisch niet gestoord wenst te worden of het moet om een spoedgeval gaan. Er kwam zo'n spoedgeval, althans zo was het aangekondigd. Mijn vriend hoorde een kort aangebonden dokter tegen de patiënt zeggen: 'Nee, geen sprake van. Absoluut niet. Nee, mijn collega wil ook niet... Goedemorgen.' En hij hing geïrriteerd op.

'Wilt u weten wie dat was?' vroeg de licht aangebrande dokter aan mijn vriend, die dol is op een geneesheer die op het punt staat zijn ambtsgeheim te schenden. Graag dus. Het was een gerenommeerd hotel-restaurant in het zuiden van ons land, dat de laatste tijd nogal in het nieuws was omdat het heel zielig zijn laatste Michelinster verloor.

Het ging om een aanbieding. Als de dokter mensen meenam mocht hij daar een weekend of een nachtje gratis eten en slapen of zoiets. Het ging in elk geval om korting.

Natuurlijk snap ik het hotel. Het gaat slecht, de directie kruipt bij elkaar en smeedt een plan. Je kan natuurlijk folders gaan uitreiken bij de fabriekspoort, maar die arbeiders weten ook wel dat een voorgerecht in die tent gelijk staat aan een half dagloon. Dus die komen niet. Je moet een club met geld zien te paaien. Dokters dus. Maar die worden al bedolven onder drukwerk van de farmaceutische industrie en zullen niet gauw reageren op een briefje of een foldertje met zo'n ordinaire kortingsbon. Je moet de dokter persoonlijk te spreken zien te krijgen. Hoe? Bellen. Maar dan stuit je óf op de assistente óf op het antwoordapparaat. Je moet ertussen zien te komen. Wringen dus. Iets heel dringends suggereren. Dat heet creativiteit in het wereldje van de telefoonterreur. Patiënt bespreekt met de dokter het slot van zijn bestaan en de dokter wordt op dat moment uit zijn concentratie gehaald door een marketinghuppeltje van het chique hotel-restaurant, dat een lekker weekendje verwennerij in de aanbieding heeft.

Het is de nieuwe schaamteloosheid van de telefonische verkoopmaffia. Op de raarste momenten word je door een bijbeunend studentje met corpsballentongval gestoord of je een of ander vaag abonnement wilt of een paar vraagjes wilt beantwoorden of iets op proef thuisgestuurd wilt krijgen. Nee, dat wil ik niet!

Nou gebeurt dit meestal rond burgermans etenstijd en dat is eigenlijk nog tot daar aan toe, maar om nou de dokter tijdens zijn spreekuur lastig te vallen met een stukje gastronomie op hoog niveau. Zal er ook al een chirurg uit de operatiekamer zijn gelokt met de vraag of hij mee wil doen aan een lekker poloweekend in de Ardennen? Er is ook een stukje beautyfarmgebeuren voor uw aftakelende doktersteefje bij. Ik geloof vanaf nu alles.

Maar het gaat dus slecht met het ooit zo gevierde tentje van de televisiekok. Misschien komt het binnenkort wel leeg en wat doen we er dan mee? Ik zou de buurt willen aanraden om het gebouw onmiddellijk op te kopen voor het een asielzoekerscentrum wordt en het hele dorp afgeladen zit met uitgehongerde Kosovaren. Het staat zo slordig, zo'n file ezelwagens in de straat. Ik kan het die arme sloebers wel aanraden. Het is er prima want ik heb er onlangs voor veel geld gegeten en gedronken. Zonder korting overigens. Vandaar dat ik vanaf nu door het leven ga als: DOKTER VAN 'T HEK

CERTIFICAATHOUDER

Heerlijk! Ik ben certificaathouder van de door mij zo ver-
foeide Arena en kan, als ik dat wil, in mijn eentje het EK
Voetbal in deze galmbak tegenhouden. Laat ik het even uitleggen. Toen dit stadion gebouwd werd kreeg je de kans
om aandeelhouder te worden en dit hield in dat je bijvoorbeeld een skybox, business-seat of een eenvoudig stoeltje
kon kopen. Ik kocht vier eenvoudige stoeltjes! Deze stoeltjes zijn van mij en bij elk evenement in de Ouderkerkse
Plaggenhut heb ik als eerste recht op een toegangskaartje.
Of het nou voor Ajax, The Backstreet Boys of The Rolling
Stones is, ik krijg eerder dan iedereen de kans om vier
kaarten op die stoeltjes te reserveren. Die kaartjes moet ik
gewoon betalen. Dat is een faire deal tussen mij en het
feestpaleis. Maar wat gebeurt er nu? De organisatie van het
EK, lees: de UEFA, eist het stadion leeg op en dat kan niet!
De directie van de Arena had op voorhand tegen de organisatie van Euro 2000 moeten zeggen: 'Jullie kunnen het stadion huren, er zit echter één maar aan en dat is dat we
tegenover zesduizend mensen verplichtingen hebben.'
Dan had Euro 2000 alsnog kunnen zeggen: 'Dan doen we
het niet en wijken uit naar Arnhem, Rotterdam of
Eindhoven'. Maar nu ligt het anders en is er een soort pat-
stelling. Gisteren heb ik maar eens even met Euro 2000
gebeld en een aardige meneer heeft mij geduldig uitgelegd
hoe de verdeling gaat: 34% van de toegangskaarten gaat
naar de supporters van de tegen elkaar strijdende partijen,
34% wordt aan de gewone man verkocht en de overige
32% gaat naar sponsors (14), pers (8), bedrijven (5) en de
UEFA (5).
Hoe komt het dat de andere stadions wel leeg opgeleverd

kunnen worden? Waarschijnlijk hebben de directies daar een andere deal met hun aandeelhouders of laten die provincialen zich gemakkelijker opzij schuiven. Amsterdammers zijn wat dwarser en dat vind ik dan ook het leuke aan deze stad. Dus ik ga de wedstrijden in de Arena tegenhouden? In principe wel, ja! Als ik nou gehoord had dat 95% van de kaarten in de losse verkoop ging, dan had ik er nog wel over na willen denken, maar nu ik weet dat er een gerede kans is dat de vrouw van een districtsdirecteur van Coca-Cola, McDonald's of Carlsberg op mijn stoel komt te zitten, weiger ik mijn plaats af te staan. Bij het EK in Engeland maakte ik voor *NRC Handelsblad* enkele sfeerreportages om de wedstrijden heen en zat ik op de tribune naast een sponsortrutje, die dacht dat er bij gelijkspel in een poulewedstrijd penalty's genomen zouden worden. Ze vroeg aan mij hoe dat zat! Ik weigerde te antwoorden omdat ik negentig vrienden en kennissen wist, die een moord hadden gedaan om op dat plekje van die mevrouw te mogen zitten.

Gisteren hebben we van de directeuren van de Arena een brief gekregen en dezen stellen een compromis voor: wij zien af van het recht op onze stoeltjes en krijgen in ruil een gratis kaartje voor een van de wedstrijden in de Arena. Die wedstrijd kan een wedstrijd van het Nederlands Elftal zijn, maar je kan ook te maken krijgen met de topper Albanië-Servië.

De meneer van Euro 2000 heeft mij op het hart gebonden dat als wij aandeelhoudertjes niet wijken, de wedstrijden elders gespeeld gaan worden. Lijkt mij een prima plan. Ik kan leven met het feit dat er op anderhalve kilometer van mijn huis een potje topvoetbal gespeeld wordt en dat er een echte liefhebber op mijn plek zit, maar ik weiger thuis te gaan zitten voor Kok, Terpstra of Willem-Alexander. En mocht Euro 2000 samen met de Arena een truc verzinnen en mij alsnog mijn stoel afpakken, dan kom ik op de dag van de wedstrijd toch even langs. Ik neem Marco Bakker als chauffeur mee in de auto van Kluivert. Moet jij eens kijken hoe snel ik een plekje heb. Dus ik saboteer de wedstrijden in de Arena? Graag zelfs. Is ook beter voor het voetbal. Niks is namelijk mooier dan voetbal in een echt stadion.

WAAR? OVERAL!

Het is oorlog. Waar? Overal! Ik stap afgelopen dinsdag op de hoek van de Prinsengracht en de Utrechtsestraat uit mijn auto en blokkeer daardoor met mijn deur hooguit vijf seconden het trottoir. Dat gebeurt nou eenmaal met uitstappen. Er komt een hele grote jongen van een jaar of vijfentwintig aanlopen en die botst expres tegen de deur, waarna hij onmiddellijk wil vechten. Ik wil niet. Ik wil nooit. Of ze moeten aan mijn kinderen komen, maar dan nog zal ik eerst proberen te praten. Ik krijg een por, ben te verbaasd om iets terug te doen en kom er vanaf met een waarschuwing. De volgende keer sloopt hij me, is zijn belofte en ik knik dankbaar mede namens vrouw, kinderen en mijn voltallig personeel dat hij mij heel gehouden heeft.

Het is oorlog. Waar? Overal! Een vriend van mij is een hartstochtelijk Feyenoord-fan, zat afgelopen woensdagavond in de Arena en deed iets heel doms. Hij juichte bij de prachtgoal van Van Gastel. Hij kreeg meteen een paar beuken. Vervolgens werd hij de hele wedstrijd door een groep jongens in de gaten gehouden en dankte god op zijn blote knieën toen Melchiot scoorde. Anders was hij niet levend het vak uitgekomen. Feyenoorder is blij met Ajax-overwinning!

Het is oorlog. Waar? Overal! Ga vanavond kijken op het Amsterdamse Rembrandtsplein. De ME staat op voorhand klaar om in te grijpen, elk moment dreigt de vlam in de pan te slaan en neem van mij aan: de ME staat er niet voor niks. De ME staat er ieder weekend, al meer dan een jaar. De situatie is al meer dan een jaar echt beangstigend. Iedereen is op zijn hoede. Niemand durft nog echt iets te zeggen, let op je woorden, pas op met een geintje, iedereen is geprikkeld, iedereen is bang.

Het is oorlog. Waar? Overal! Ga kijken bij een gemiddelde voetbalwedstrijd. Het is al geen nieuws meer. We zijn gewend aan de containers, de kooien, de dreiging, de bloeddorst, de angst, de kankerwoorden, de vechtlust.

Het is oorlog. Waar? Overal! Neem de tram in Amsterdam. Voel het trillen van de lucht als er een groep jongens binnenkomt, een groep die alles doet wat vroeger niet mocht. Schreeuwen, poten op de bank, aan je zitten, intimideren, duwen, doorlopen, zakkenrollen en niemand zegt iets. Niemand durft. Inclusief ondergetekende.

Het is oorlog. Waar? Overal! Neem 's nachts op het Leidseplein een taxi, ga in de rij staan, wacht je beurt af en laat in godsnaam alles voorgaan wat voor wil gaan. Anders wordt het een ambulance.

Het is oorlog. Waar? Overal! Maak op de weg geen stuurfout, kijk goed uit en let vooral op. Ga vlug opzij als je zo'n lichtenknipperende BMW in je achteruitkijkspiegel ziet aankomen en glimlach als hij je passeert. Glimlach en maak je niet boos. Want het is oorlog. Overal is het oorlog. Een vriend van mij stond laatst iets te lang te dromen voor een groen stoplicht. Knal dus!

Paar weken geleden stond ik in de winkel. Ik was elders met mijn hoofd. Wie is er aan de beurt? 'Ik,' riep ik, die niet aan de beurt bleek te zijn. Ik kwam goed weg. Vier keer sorry was net genoeg.

Het is oorlog. Het is oorlog in bijna alle hoofden van bijna alle mensen. We worden gefouilleerd voor we de disco ingaan, we staan op de videoband als we tanken, we hebben negen sloten op de deur, we zijn gewend aan de krantenberichten hierover. We kennen stuk voor stuk geweldsverhalen uit onze omgeving. Neefje opgewacht na voetbalwedstrijd, buurjongen in elkaar getrapt op schoolplein, vriendje geterroriseerd door de hele buurt en ga zo maar door. Hoeveel mensen zijn niet met actief amateurvoetballen gestopt omdat ze geen zin hebben in elk weekend kneuzingen? Hoeveel mensen willen niet meer mee naar het stadion omdat ze geen zin hebben om iedere seconde op hun hoede te zijn? Hoeveel mensen zijn niet gewoon bang? Velen! Veel te velen. Een van hen ben ik. Waarom? Omdat het oorlog is. Waar? Overal!

KOSOFOOI

'De miljonairs Freek de Jonge, Herman van Veen en Youp van 't Hek deden afgelopen week het een en ander voor Kosovo en lieten het publiek betalen.'

Interessant regeltje van een wat cynische, licht verzuurde journalist. Ik moet er wel om lachen. Ik ben namelijk dol op cynische, licht verzuurde journalisten. Het klopt namelijk. Over de saldi van mijn collega's kan ik niet oordelen, maar in mijn geval heeft hij gelijk. Ik ben miljonair en laat inderdaad het publiek betalen. Morgenavond speel ik een benefiet in de prachtige schouwburg van Groningen en van de 100 gulden die het publiek per persoon neertelt gaat 100 gulden naar giro 555. Wat ik betaal? De kosten, maar die vallen ook wel mee. Ik heb vorige week in Groningen gespeeld, dus alles stond er nog. De vrachtwagen vertrekt gewoon een dagje later. Extra personeelskosten heb ik niet, daar mijn mensen het ook voor niks doen, net als de schouwburg en alle medewerkers daar. Daarbij komt nog dat mijn medewerkers niet zo duur zijn. Ik betaal namelijk nogal slecht en zo ben ik miljonair geworden. Kortom: eigenlijk is het een *kosofooi*.

Is mijn medewerking wel zo belangeloos? Natuurlijk niet. Mijn naam wordt op televisie genoemd, de krant schrijft erover en dat is voor menig radioprogramma een reden om na de mededeling dat ik een benefiet geef een stukje te draaien van mijn nieuwste cd, die vanaf vandaag in de winkel ligt. Ondertussen hoor je mensen zeggen dat die Youpie toch wel een goeie kerel is. Hij had het geld ook in zijn eigen zak kunnen steken. Inderdaad: ik ben te goed voor deze wereld. Met dank aan de NATO en Milosevic.

Daarbij heb ik meer gedaan. Ik heb nog een liedje gezongen in de uitzending van de gezamenlijke omroepen en twee liedjes in de uitzending van collega-miljonair Paul de Leeuw. Een liedje duurt een minuut of drie, dus ik kom op bijna tien minuten charitas.

Waarom was ik toch een klein beetje geïrriteerd door het zure journalistenregeltje? Omdat er volgens mij iets anders aan de hand is. Ten eerste zou de journalist kunnen bedenken dat de miljonair een bepaald idee heeft over zijn wereldburgerplichten en misschien heeft hij (ik dus!) al het een en ander gestort. Hij zal daar nooit achterkomen, daar ik ben opgevoed met het feit dat je daar niet over spreekt. Mensen die de televisie bellen om te vertellen wat ze geven, deugen niet. Je stort of je stort niet en je gaat niet doorbellen wat je stort. Daarbij werden weer de meest gênante bedragen genoemd. Zoontje leegt zijn spaarpot en stort een riks. De ouders verdubbelen het bedrag! Applaus. Terug naar de benefiet van de miljonair. Normaal betaalt men voor een kaartje bij mij zo'n 35 piek, dus eigenlijk geeft het publiek 65 gulden aan Kosovo en de schouwburg en ik geven de rest. Maar gaat het daarom? Nee. We zitten in een situatie dat er een verschrikkelijke brandhaard is, er zijn er veel meer, maar deze is nu even het testbeeld van de wereld en er moet iets gebeuren. Er moet geld heen. Eten, drinken, medicijnen en geen ouwe, afgelebberde knuffels. Geld! Poen! Money! En zolang de mensen niet bereid zijn om gewoon in stilte honderd gulden over te maken, moet het anders. Dan maar op de manier van de omroepen. De naam van je slagerij in beeld. Of middels de benefiet. Daarbij ga ik ervan uit dat het publiek dat morgenavond in de Groninger schouwburg zit, allang een ander bedrag dan die lullige honderd gulden heeft overgemaakt. Er is brand en er moet geblust worden en dat doe je niet door te roepen dat er brand is. Zolang ik een paar duizend mensen bij elkaar kan krijgen die bereid zijn geld te storten, dan doe ik dat. Er is brand, er zijn miljoenen mensen op de vlucht, er is geen tijd voor cynisch gekeuvel in een welvaartsstaat als Nederland. Er moet geld komen. En iedereen moet dat bij elkaar brengen. Dus als de zureregeltjesjournalist het bedrag dat hij voor zijn stukje kreeg overmaakt aan giro 555, dan wordt het regeltje een stukje minder zuur.

Eén ding blijft: de journalist heeft gelijk. Groot gelijk zelfs. Maar daar gaat het niet om. Er is brand en er moet geblust worden.

Giro 555.

GEZELLIG!

Er lopen twee eekhoorntjes door de aankomsthal van Schiphol, zegt de een tegen de ander: 'Wat doe jij hier nou?' waarop de ander antwoordt: 'Ik heb een snipperdag.' Op het moment dat ik dit mopje opschrijf is het volop Koninginnedag en zie ik een vrolijk zwaaiend bootje door de Prinsengracht gaan. Er wordt ook enthousiast teruggezwaaid. Een populair clubje, zo te zien.

Nu herken ik ze. Het is de bijna volledige *Parlementaire Enquête Commissie Vliegramp Bijlmermeer.* Oudkerk aan het roer, Meijer voorop, Singh Varma jolig in de mast en mevrouw Augusteijn is bezig met de broodjes. Alleen Van den Doel ontbreekt. Die wou wel, maar mocht niet van Dijkstal.

Ik schuif mijn raam open en roep ze binnen. Ze komen. Even een kopje koffie met Bekende Nederlanders onder elkaar.

Ik kan niet anders zeggen dan dat het een vrolijk gezelschap is. Je mag de handicap van Meijer schaamteloos imiteren en het rare accent van mevrouw Singh Varma is ook geen enkel probleem. Gewoon één grote familie dus.

Ze kakelen er heerlijk op los over hoe vaak ze wel niet herkend worden en hoe vervelend dat wel niet is. Ondertussen komen ze bijna klaar van genot. Ze kakelen hilarisch over hun avonturen bij Paul de Leeuw, de boze reacties van Wim, Els, Annemarie en de fractiegenoten en over de serieuze kansen dat Rob die lieve mevrouw Borst gaat opvolgen.

'Zielig voor Els, maar zo is het leven,' is de redelijk meedogenloze eindconclusie van het kliekje.

Ze vertellen over hun televisieplannen. Vanavond zitten ze

met zijn allen bij Karel, SBS6 gaat wat met ze doen, Ivo Niehe heeft plannen en zoekt nog naar een invalshoek, *Telekids* heeft belangstelling en Ria Bremer van *Vinger aan de pols* gaat Theo interviewen over het leven met zijn handicap.

'Mag je niet klussen bij *Eigen Huis & Tuin*? Ik wil jou wel eens een spijker zien inslaan!' grapt Oudkerk. Er wordt gelachen en daaraan merk je dat het groepje aan elkaar gewaagd is. Het is familie! Wat zeg ik? Het is een gezin!

Ze informeren waar het een beetje gezellig druk is en waar ze niet te veel herkend worden.

Ik ontraad ze de Jordaan omdat het daar nu echt te druk is. Oost is een optie: voor 90 procent allochtoon en die herkennen echt niemand. Ze bedanken voor het advies.

Meijer en Oudkerk vertellen over hun gezamenlijke vakantieplannen. Theo en zijn vrouw gaan met het gezin van Rob mee naar Italië.

'Als een gezellige opa en oma voor de kinderen. Die zijn al erg op ze gesteld,' legt Rob uit. Tara komt op doortocht naar Toscane zo goed als zeker even langs.

'Je kan ook naar Eilat,' opper ik. 'Dan vlieg je gezellig El-Al!'

'Misschien krijgen we korting,' proest Marijke.

'Als het allemaal doorgaat,' onderbreekt Theo de gezelligheid.

En dat vergeten we bijna. Als Rob dan minister is, loopt het natuurlijk allemaal heel anders. Rob bloost verlegen. Ik ken Rob heel goed. Hij is mijn huisarts en heeft mij onlangs nog goed geadviseerd. Hij vond dat ik te hard werkte.

'Ik hoef de televisie maar aan te zetten of ik zie die dikke kop van jou,' lachte hij toen. Ik ben meteen gaan minderen.

Een goede huisarts is goud waard.

We gaan over op een glaasje wit en Tara haalt even haar inheemse borrelhapjes uit de boot. Twee glaasjes later doet ze perfect Van Gobbel na. Ik mag de sniffende, zojuist onderscheiden Jeroen Krabbé met veel succes imiteren. Kortom: een heerlijke middag.

Bij het afscheid vragen mijn kinderen wie dit zijn. Ik probeer het uit te leggen.

'Zaten zij in dat vliegtuig?' vraagt mijn zoontje. Hoe maak ik het duidelijk?

'Wacht maar tot je groot bent,' stel ik ze teleur en ik zwaai vrolijk naar het olijk deinende bootje, waarin ik Oudkerk nog net hoor roepen: 'Op naar de Jordaan!'

MOEDERDAG

Koninginnedag 1999. Het borreluurtje van RTL4 behandelt, heel toepasselijk, het voor die kringen zeer progressieve onderwerp *de Republiek*. Het programma wordt gepresenteerd door een aangename twijfelnicht met de naam Beau. Zijn achternaam is nog netter: Van Erven Dorens. De jongen doet het allerkeurigst. Als gast heeft hij Theo van Gogh, die al kettingrokend en onderuithangend voldoet aan zijn imago. Theo wordt bijgestaan door de zichzelf nog steeds serieus nemende Willem Oltmans. Ze kakelen het uurtje prachtig vol. Als ik langs zap zitten ze er nog. Over de inhoud kan ik niet oordelen, daar ik verder niet geluisterd heb. Ik verdiep me de rest van de avond in vrouw en kinderen en als alles slaapt zoek ik nog wat vertier op de buis. Ik val in een van de programma's van de eerder genoemde Theo van Gogh met als onderwerp, wederom heel toepasselijk *de Republiek*. Als gasten heeft hij Beau van Erven Dorens en Willem Oltmans. Ik krijg zo'n onbedaarlijke lachbui. Twee keer per dag hetzelfde onderwerp in dezelfde setting bij dezelfde organisatie. Alleen de zenders verschillen. De ene keer bij de burgerlijken van RTL4 en de tweede keer bij de sekszender van pornokoning Joop van der Reijden. Het heeft iets heel aandoenlijks. Dorp speelt stad.

In het vliegtuig richting New York moet ik nog regelmatig aan ons koninkrijk denken en ik schiet telkens weer in de lach als ik aan Beau, Theo en Willem denk. Misschien nemen zij het op dit moment nog wel een keer op. Voor SBS6 of *De Tafel van Pam*. Wat zijn we toch een schattig landje. Prins Claus rijdt zonder zijwieltjes en haalt meteen alle voorpagina's.

De heren kunnen zich troosten met het feit dat het in Amerika qua televisie duizend keer droeviger gesteld is. Wel veel Beau. Heel veel Beau zelfs. Eigenlijk alleen maar Beau. Weinig Theo, maar dat komt omdat je hier niet mag roken.

Ik ben hier om te werken. Lopen, kijken, zitten, optreden, eten, drinken, proeven en eerlijk is eerlijk: ik kom tijd te kort. Ik wil alles en meer dan dat. Ik wil clubs zien, liefst zo hot mogelijk. In de hotste club zijn we al geweest. In Nederland had iemand mij verteld dat je in New York naar *Bleeckers* moest. Toen ik aan de mevrouw van het restaurant vroeg waar we nog wat konden drinken, sprak ze: 'Just around the corner. Bleeckers! That's the place to be!' En inderdaad: wat een tent! Fascinerend. Mijn vrouw en ik waren de enigen zonder tattoo of piercing. En als ik zeg tattoo dan bedoel ik ook tattoo. Dus niet een lullig slangetje of een boeddha op je arm, maar een geheel volgeïnkt lijf. Van het gezicht moet een deel ook nog goed gepiercet zijn. Wang, tong, wenkbrauw, oor, neus, lip en bij grote welvaart mag het ook door de onderkin. Niks ringetje, totale ijzerwinkel, Hoogovens! Verder moet je alles aan je kleding doen. Wat? Alles. Als het maar niet gewoon is. Hul je in jute, Tiroler jurk, plastic, alleen een zwembroek of luier, engelenkostuum met vleugeltjes of wat je waar dan ook maar kan vinden. Alles is goed. Je haar moet stijfselstrak staan en als kleur zijn fluorescerend, hardroze en giftig groen een goede optie. Als je maar hot & hip bent.

Ook als travestiet doe je goede zaken. De beste was een 'vrouw' die expres een sikje had laten staan. Praten hoeft niet, daar de muziek oorverscheurend is. Dans of noem je vreemdsoortig bewegen zo. Kijk niet vreemd op als je de meest rare engerd ziet passeren. En blijf vooral cool, verschrikkelijk cool. Twee uur hebben wij het volgehouden en we hebben ons kostelijk geamuseerd. We waren niet geshockeerd, niet in de war, integendeel: vrolijk waren we. Supervrolijk zelfs. Eindelijk echte excentriekelingen. Dat is nog eens iets anders dan die foto's in de vitrines van de iT.

Nadat ik mijn vrouw voor Moederdag een paar piercings en een fikse tattoo had beloofd en zij mij had uitgelegd wat het nadeel is van op de bril zeikende travestieten op het damestoilet (komt door de piercing door de eikel), sliepen wij voldaan in. In mijn dromen werd ik overvallen door de na deze avond uiterst burgerlijke Theo, Beau en Willem, die vroegen: 'Zullen we het nog een keer over *de Republiek* hebben?' Graag jongens, graag, heerlijk, doe nog eens progressief!

DEPRESSIE

Op het ogenblik is depressiviteit doodsoorzaak nummer twee in de Verenigde Staten en gezien het feit dat alles uit dat land deze kant opwaait, zal het ook bij ons niet lang meer duren of er komt een referendum of we wel of geen antidepressivum in het drinkwater willen. Er komt een moment dat de grote farmaceutische industrieën sportclubs gaan sponsoren. Viagra Tigers-Prozaccen Boys 2-2.

De westerse mens is op, moe en leeg. We kunnen de welvaart niet meer aan, zijn niet meer blij te krijgen. Een auto als hoofdprijs verveelt, vakantiereisjes naar Haïti en de Seychellen doen ons niets meer en 'Niet weer zalm!' is een veelgehoorde kreet in menig Hollands huisgezin. Zelfs de huidige oorlog is saai en iedereen is zeer opgelucht dat er eindelijk grondtroepen worden ingezet.

Mijn halve kennissenkring ligt een paar keer per week op een peutendivan te ouwehoeren over een onverwerkt jeugdtrauma en laatst hoorde ik een vriendin zeggen: 'Weet je wat het probleem met mij is? Mijn ouders waren te lief en te zorgzaam. Het nest was te warm.' De vriendin is 46, woont Gooiser dan Goois en haar man is een jaar of wat geleden met een prachtige jonge en vooral vrolijke vlam op een zolderkamer gekropen. Gelijk heeft hij.

Hoe zou dat in Kosovo zijn? Staat er aan de Albanese grens een legertje geestelijke hulpverleners dat aan de horde vluchtelingen vraagt hoe ze zich voelen? 'U zegt: eenzaam. Kunt u dat nader omschrijven?'

Is daar al een relatietherapeut, die de mensen een verhuisadvies geeft omdat ze binnen hun huwelijk te dicht op elkaar zitten in dat tentenkamp? Misschien komt hij tot de conclusie dat er weinig kans is op intimiteit omdat je met twintig anderen om je heen niet echt tot een goed gesprek komt, laat staan tot een opluchtende wip. Eet u wel regelmatig? Wandelt u voldoende de laatste tijd? Komt u genoeg buiten? Ik onderbreek menige zelfmedelijder regelmatig met het feit dat de fysiotherapiepraktijk voor huisdieren in de Congolese sloppenwijk ook niet echt lekker van de grond komt en dat de Congolese dierenfysiotherapeut daar behoorlijk depressief van is, maar dat daar niet een lekkere Riagg is om hem op te vangen. Misschien moet hij er eens een weekje tussenuit? Naar een lekker warm land of zo!

Natuurlijk zijn we moe en murw. Bij voetbalrellen zappen we door, of het moet een chaos zijn zoals laatst na het kampioenschap van Feyenoord. Dat je even niet weet of je naar Belgrado of Rotterdam kijkt.

Bij Jerry Springer gaan we vlug een netje verder, bij Lenferink en Van Gogh weten we dat het zooitje is ingehuurd en bij de broer van Boudewijn Büch worden we alleen nog wakker op het moment dat Joop van der Reijden himself plasseks met een gemaskerde giraffe heeft. Maar verder doet dat ons toch ook niks meer.

Toch heb ik iets gevonden tegen mijn eigen opkomende depressiviteit en dat is de absolute slappe lach. Iets lezen, er een seconde over nadenken en dan proestend herhalen, het liefst tegen een volle kamer, een verbaasde tram of de herkauwende kantine op je werk. Probeer het eens met de volgende zinnen:

Prijzengeld Wimbledon meer dan vijf procent verhoogd! Of:

Woningbouwvereniging investeert veertig miljoen in Oibibio! Of:

Vandenbroucke wist niet dat het om doping ging!

Of:

Wouter Huibregtsen wil zelf graag erevoorzitter van NOC*NSF worden.

Ziet u? Het helpt.

FOTO'S

Vorige week liep ik door New York en zag op Madison Avenue een super-de-luxe kinderkapper annex schoonheidssalon. Daar kregen de kleintjes krulspelden, make-up, mascara en nagellak. Iets verderop lag een winkel met waterdichte cd-spelers voor onder de douche en daarna zag ik een zeer goed bezochte hondenpedicure. Ik baalde dat ik geen fototoestel bij me had.

Een week later stond ik in Johannesburg oog in oog met de paar honderdduizend golfplaten krotten van Soweto en was blij dat ik geen fototoestel bij me had. 'Dit fotografeer je niet,' sprak mijn gevoel mij streng toe. Mijn toestel lag trouwens in mijn driesterrenhotel. Als je die meeneemt wordt hij geroofd. 'Ze jatten alles zo van je af,' verzekerde iedereen mij.

Met 'ze' bedoelt men de groepjes uitzichtloze negers die vanaf de rand van hun sloppenwijk naar de busjes vol fotograferende toeristen staan te kijken. Als ik zo'n werkloze hongerneger was zou ik hetzelfde doen. Ik zou het toestel voor de ogen van de volgevreten toerist kapotslaan. Beetje in je zojuist gewinterschilderde doorzonwoning in Zoetermeer naar mijn armoe gaan zitten kijken.

Ook ik liep er als toerist, bezocht het monument van de opstand in 1976, het voormalig woonhuis van Nelson en Winnie ('Dit zijn Nelsons laarzen en dit is Nelsons bed!') en belandde in een echte *shebeen*, een kroeg waar de plaatselijke bevolking drinkt. Hoewel, een echte *shebeen*? Alle negers kwamen mobiel bellend binnen, vergezelden groepjes met uitsluitend blanke toeristen en je kon aan het eind met je creditcard betalen. Dus niet dat je zegt: daar zat de gemiddelde bewoner van Soweto. Het visitekaartje van

Gerrit Brokx, mayor of Tilburg, hing er aan de muur en ontroerde mij.

De vlucht van Amsterdam naar Johannesburg had een kleine vertraging omdat het boven de Middellandse Zee nogal druk was met NAVO-vliegtuigen, kortom: een risicoreisje. De gemiddelde F16-piloot weet nog niet het verschil tussen een Servisch wapendepot en de Chinese ambassade, dus ik ben er mooi tussendoor gekropen. Ik denk wel dat een eventuele crash van een NAVO-bom met een westerse toeristen-Boeing de vrede sneller dichterbij brengt dan alle foutjes op die Kosovaarse vluchtelingenkonvooien. Dus eigenlijk moet ik het ervoor over hebben. Alle levens zijn toch even veel waard? Of ik sneuvelbereid ben? Nee!

Is het leven dan zo leuk? Nou, dat ook weer niet. Het is vooral zinloos. Volgende week kom ik thuis met dertig, door mij persoonlijk vanuit mijn debielenbusje geschoten foto's van olifanten, giraffen, twee nijlpaarden en een manke, geriatrische buffel. En al die beesten kijken met zo'n blik van: sodemieter op met je foto's. En ze hebben groot gelijk.

Hier in het prachtige Phalaborwa grenst de golfclub aan het Krugerpark. Afgelopen oktober kwam een olifant daar even kijken hoe een Duitse mevrouw stond te putten. Zij was zo blij met deze inheemse belangstelling dat ze onmiddellijk haar fototoestel trok en stevig op de dikhuid begon te flitsen. Ze kwam ook iets te dichtbij. Over de afloop gaan verscheidene versies. De een zegt dat ze drie keer door de lucht werd geslingerd, de volgende verhaalt over afgerukte benen en armen en weer een ander vertelt dat ze domweg in de grond werd gestampt. Hole negentien dus. In alle versies gebeurde het onder het toeziend oog van haar complete familie en overleefde ze het niet. Of de foto's gelukt waren durfde ik niet te vragen.

Wat zijn nou foto's? In je doorzonwoning in Zoetermeer laten zien dat je er geweest bent. Een doorsnee NAVO-afzwaaier en je leven is voorbij. Leven is gelul en foto's zijn onzinnige momentopnamen. Je geheugen is je beste fototoestel. Zonder foto's worden je herinneringen alleen maar mooier en de rest vergeet je. Soweto vergeet je nooit. De kinderkapper, de poedelpedicure en de waterdichte-cd-spelerwinkel ook niet. Je vergeet wel dat je vanuit een burgerlijk toeristenbusje naar drie grazende impala's hebt staan kijken. Maar nu kan ik mijn droeve tochtje niet meer ontkennen. Er zijn namelijk foto's van.

MODERN TIMES

Vorige week woensdag ging midden in de Zuid-Afrikaanse rimboe de mobiele telefoon van mijn gastheer. Het was voor mij. Ik moest snel op het internet kijken want het kabinet was gevallen. Er trok op dat moment een kudde olifanten voorbij, de giraffes waren net de hoek om en twee gieren wachtten tot de drie luipaarden het bijna geheel afgekloven skelet van de zebra lieten liggen, zodat zij ook nog wat te smikkelen hadden. Ik sloot de GSM aan op de laptop en keek op NOS-teletekst. Safari 1999. Twee jungles bij elkaar. De politieke en de echte. Ik las hoe het gegaan was. Wiegel had zijn politieke plicht gedaan. En D66 weet dat. Als ze trouwens een referendum houden over het referendum komt het referendum er niet.

Maar er is dus geen jungle meer. Je leest in je lodge vanaf vier uur 's middags een groot deel van deze krant (www.nrc.nl), bladert door je mail, stuurt een berichtje naar je broer in Australië, die ook net draadloos heeft vernomen dat Paars II geknald is.

Vroeger trad ik ook wel eens op in verre oorden en dan zat er in de zaal altijd een deel dat in 1953 Nederland had verlaten en hooguit nog vijf keer was teruggeweest. Die mensen hadden last van chronische tropenkolder, dachten serieus dat Nederland na Den Uyl totaal communistisch was geworden, uitsluitend nog bewoond werd door steuntrekkende Surinamers en dat bevestigden ze tegen elkaar op corpsballentoon tijdens het jaarlijkse Koninginnebal op dertig april, waar ze met een ambassadeur met een driedubbele voor- en achternaam ranzige bitterballen, door de KLM ingevlogen haring en bijna bedorven oranjebitter stonden te consumeren.

Tegenwoordig is dat anders. Alle Nederlanders die ik afgelopen week sprak lezen dagelijks op hun computer de verse *NRC* en *Telegraaf*, volgen zo ook wekelijks mijn stukje, krijgen via vrienden videobanden en cd's van Nederlandse cabaretiers en de tien keer per jaar dat ze op Schiphol zijn vullen ze hun boekenkast aan met Van Kooten, Zwagerman, Giphart en alle anderen die ze maar willen lezen. Ajax wordt gevolgd, de Champions League wordt uitgezonden, er wordt de hele dag gebeld en het aantal Nederlandse vrienden en familieleden dat overkomt is niet te tellen.

En iedereen gaat op safari. Apies kijken dus. Beekse Bergen, maar dan echt. Soms heb je mazzel en soms heb je pech. Er zijn dagen dat je alle wilde beesten ziet, maar als je pech hebt kom je alleen je eigen vrouw in het wild tegen. En dat is voor de meeste mensen geen feest. Het Krugerpark is van de Zuid-Afrikaanse overheid en belooft niks, maar er zijn particuliere wildparken die garanderen dat je de *big five* sowieso te zien krijgt. Dit zijn de giraffes, leeuwen, olifanten, luipaarden en neushoorns. Een van die parken maakt gebruik van het GPS-systeem, dat tegenwoordig ook in veel luiemensenauto's is ingebouwd. Dan weet de computer via de satelliet waar je bent en hoe je moet rijden naar de plaatselijke sportclub of je nieuwe vriendin. In Zuid-Afrika schijnt een parkje te zijn en daar heeft de dienstdoende leeuw een zendertje om, net als de andere van de big five, zodat de gids op zijn schermpje in zijn Landrover kan zien waar het beest zich bevindt. Die leeuw fotografeer je vervolgens digitaal en 's avonds mail je hem naar je vrienden in Nederland. Zoiets. Modern Times dus.

Toch ben ik blij dat ik de laatste GSM-loze Nederlander

ben. Tien dagen was ik in het gezelschap van de sekte der draadlozen en nog nooit heb ik zoveel overbodig en zinloos gelul gehoord. Ieder wissewasje, elke regendruppel of vergeten paar sokken wordt telefonisch afgehandeld. De hele dag rinkelen die dingen. Hoewel ik moet toegeven dat ik hem ook een keer gebruikt heb! Wanneer? Toen een hele rijke mevrouw aan het einde van een dineetje twee aangebroken flessen wijn pakte, er een kurk op duwde en in haar zak stak. Voor aan het zwembad. Toen heb ik even mijn vrouw gebeld en een half uur gegniffeld, geschaterd en gelachen. Met twee aangebroken flessen wijn langs het township. Gezondheid.

HIGH FIVE

Het ergste na de Borst-sparende operatie van donderdagnacht in de Tweede Kamer vond ik de gênante *high five* tussen Hans en Annemarie. Ze hadden gewonnen. We hebben het over een van de meest beschamende vertoningen in de Nederlandse politiek, een debat over een verschrikkelijk vliegtuigongeluk, een zaak waarin alleen maar verliezers zijn en geen enkel overwinningsgevoel telt. Een *high five*. Je zou ze met zijn tweeën een hele Belgische legbatterij laten opvreten. Rauw. In een El-Al Boeing, cirkelend boven de Bijlmer.

De giftige kippen brengen ons bij onze zuiderburen. Er is dioxine in het voedsel gevonden en dat komt door een paar beunhazen, die afgewerkte motorolie en koelvloeistof door het dierenvoedsel deden en daar worden de beestjes niet gezonder van. Albert Heijn heeft de producten van de Maastrichtse firma Mora uit de diepvries gehaald en dat vind ik jammer. Vanavond is het namelijk voetballen en dan mogen mijn vrienden en ik graag genieten van een biertje met een paar heerlijke Mora-frikadellen, die gemaakt zijn van gemalen koeienkut, gestampte varkenspenis en gevijzelde schapenanus. Vleesafval dus. Mij maakt die paar milligram dioxine niet uit. Zegt de kankerpatiënt tegen de anorexiapatiënte: 'Weet je dat ik van vlees afval?'

De politiek in België heeft het er maar druk mee. Twee ministers weg, premier Dehaene (geen bijnaam) eerder terug van de Eurotop en een spoeddebat in hun parlement. Binnenkort vallen natuurlijk de eerste slachtoffers en over twee jaar verwacht ik de parlementaire enquête in de Belgische Tweede Kamer. De ouders van de waterhoofdba-

by's en de nabestaanden van de aan kanker gestorven consumenten zien aan het eind vanaf de publieke tribune hoe
de minister en de staatssecretaris een high five maken.
Gewonnen dus.

Vanuit mijn ooghoeken volg ik de Belgische politiek en ik
heb begrepen dat het hoog tijd wordt dat er in deze wereld
van vooral mannelijke pluchekleveres en dikke nekken eens
een frisse wind waait. Een lekker wijf, zal ik maar zeggen.
Nou, die is er: Eurokandidate Anke Vandermeersch (26)
heeft de kiezers beloofd uit de kleren te gaan als ze genoeg
voorkeursstemmen krijgt.

Ik heb een fotootje van de geile advocate gezien en ik zou
zeggen: Gooi er een corrigerend referendum tegenaan en
we hebben mevrouw in haar volle glorie in de Belgische
Playboy. Heerlijk.

Volgens mij heeft die Thom de Graaf ook zo'n afspraak
met zijn kiezers gemaakt, zij het dat hij niet naakt gaat,
maar tot hij in zijn hemd staat. Wat zal die jongen een
zwaar weekend hebben. Zelden iemand zo met de staart
tussen zijn bibberbenen zien terugkrabbelen. Hij is nu
akkoord met een corrigerend referendum dat niet bindend
is. Daar kom ik dus zeker mijn nest niet voor uit: Even naar
zo'n stinkende gymnastiekzaal om te stemmen of de
Betuwelijn een pretpark of een zesde landingsbaan moet
worden. En wat je kiest maakt niet uit. Het is toch niet bindend. Het is voor de gezelligheid. Voor het kroonjuweel
van Thom!

'Uw kroonjuweel is een nepper, meneer De Graaf,' sprak
de juwelier streng. 'Het is niet eens geslepen glas, maar
een plastic Sint-Nicolaasring uit de feestartikelenwinkel.
Niks meer, niks minder. Door wie u zich heeft laten bela-
zeren weet ik niet, maar u bent besodemieterd!'

Wat heeft die lieve, humorloze Thom zijn hand overspeeld en wat zal hij veel staren dit weekend. Hij is ook de enige die Roger van Boxtel snapt. 'Doorgereden na een ongeluk?' sprak de minister verontwaardigd. 'Meneer agent, ik ben van D66 en dat doen wij altijd. Ik heb dat van Winnie en Els geleerd!'

Vannacht had ik een gezellige droom. Over vijftig jaar staan Van Mierlo en De Graaf in de kroeg van de hemel een potje tegen mekaar op te bieden over hun politieke carrières.

Zegt Hans: 'D66 is door mij opgericht,' waarop Thom erover heen komt met: 'En ik heb het opgeheven.'

Kortom: *Doei 66*. En vlug een beetje.

VERBAASD

Nou zegt de directeur van het Holland Festival weer dat hij de foto van Walter Chapell die van het kind dat gezellig tegen zijn vader met de stevige erectie aanligt, ziet als een gezellig kiekje uit een familiealbum. Ben ik toch wel benieuwd naar het fotoalbum van de directeur van het Holland Festival. Ik gok op fistfuckende grootouders, zijn schoonmoeder op een plasseksparty en hijzelf op vierjarige leeftijd in SM-outfit, nadat hij een robbertje gestoeid heeft in de darkroom van de loopse pitbull. Ik doe maar een gooi. Of ik nog verbaasd ben? Nee hoor. Mij verbazen lukt niemand meer. Of ik vind dat de foto verboden moet worden? Ook niet. Ga lekker kijken met zijn allen. Geef het een titel. Noem het kunst. Ik vind alles best. Als ik maar niet mee hoef te doen. Niks is erger dan kijken naar andermans familiefoto's.

Ondertussen heb ik wel begrepen dat in de ene kamer van het politiebureau twee koddebeiers zich over foto's van blote jongetjes buigen, terwijl in de kamer ernaast twee brigadiers druk doende zijn met het invoeren van dubbelgenummerde coketainers. Aanvankelijk ging het om honderd kilo, maar nu blijkt het om ongeveer vijftienduizend kilo te gaan. Desi stuurt het, de marechaussee laat het door, de politie vervoert het en zorgt dat het op de plaats van bestemming komt.

Vrouw van de agent: 'Henk, je hebt roos.'

Agent: 'Nee, ik had een transportje en ik draag de zakken altijd op mijn schouder!'

Verbaasd? Nee hoor, geen seconde. Peper wist het al een tijdje. Nou en? Er zijn wel meer politici die de informatie rustig onder hun toupet houden. Waarom zou je paniek zaaien? Mevrouw Faber heeft inmiddels verklaard dat, als zij had geweten dat dioxine giftig en kankerverwekkend is, zij onmiddellijk had ingegrepen. Maar haar ambtenaren strooiden het gewoon op de middagboterham en dan zie je het gevaar niet.

Of Pepertje geschrokken is van de vijftienduizend kilo? Nee, Brammetje schrikt nergens meer van. Brammetje heeft een tijd in Rotterdam gezeten en is dus wel wat gewend. Hij lacht dan ook smakelijk als hij ziet dat in zijn oude gemeente de Gemeentelijke Belastingdienst vijftienduizend aanslagen niet kan versturen door een al maanden falend computersysteem. Laat staan dat hij het gek vindt dat een groot deel van de gemeentelijke administratie door de foute computer volledig ontoegankelijk is, zodat men de 23,2 miljoen gulden overschrijding van de Gemeentereiniging niet in beeld kan brengen, of het inkomen van zeven ton van de interim-manager. De ambtelijke top is volgens de VVD een beetje doorgeschoten. Verbaasd? Ik niet.

Mij krijg je niet meer gek. Ook niet als ik van mijn kinderen hoor dat het hele publiek van The Backstreet Boys met zijn zestigduizenden tegelijk op verzoek van sponsor *de Postbank* in het giroblauw verschijnt. Vrijwillig. De reclamemeneer van de bank is waarschijnlijk dik tevreden met zijn kindermisbruik. Leuk voor hem.

Een voetballer van honderd miljoen? Prima vind ik het. Pantani helemaal afgevuld met epo vind ik ook goed. Mijn door illegale armoede-Polen gestoken asperges smaken heerlijk. Geen enkele moeite mee. De Kosovaren zullen even moeten wennen aan het taalverschil tussen *mijn land* en *landmijn*, maar mij raakt het niet meer. Zit daarvoor trouwens ook te ver af. De winst van Ahold steeg maar met

31,6 procent en dat viel de beleggers tegen. Verbaasd? Nee hoor. Ik had als kleine belegger ook op een winstgroei van negentig procent gerekend. Slechte leiding.

Milosevic claimt de overwinning en Belgrado viert feest als na het winnen van een Europacup. Verbaasd? Geen seconde. Michael Jackson leidt de NAVO-troepen. Is allemaal goed.

Of ik mijn vrouw even naar Bologna wil rijden omdat ze daar haar eieren wil laten invriezen, zodat we na ons pensioen nog een kind kunnen nemen. Ze heeft gelijk: dan hebben we tijd. Ik doe het graag. En als ik morgen lees dat Lothar Matthäus naar Ajax gaat om de gemiddelde leeftijd van het hele elftal een beetje te drukken, geloof ik het ook. Niets verbaast me. Niets. Alles vind ik gewoon. En dat laatste verbaast me zeer. Meer dan zeer zelfs.

ZUIPEN

Paniek, paniek, paniek. Mevrouw Borst schijnt vanaf september de sportclubkantines te willen droogleggen. Alleen nog maar frisdranken. Voor die gereformeerde korfballers is dat geen punt, maar wat denkt u van de hockeyers?

In mijn radeloze jeugd was ik fulltime kakker en tot en met mijn achttiende zelfs lid van de Gooische Hockey Club. Wat ik daar geleerd heb? Drinken. Hockeyers drinken meer dan dat ze hockeyen. Een wedstrijdje duurt twee keer vijfendertig minuten, maar daarna begint het ongebreidelde tanken. Dat hockeyen is op de meeste clubs dan ook gewoon bijzaak, een reden om bij elkaar te komen, een alibi om te zuipschuiten.

Alleen in de lagere elftallen? Nee hoor, tot diep in de hoofdklasse. De wedstrijd Amsterdam-KZ is nog geen minuut voorbij of het clubhuis (zeg nooit kantine!) in het Amsterdamse Bos is veranderd in een disco. De beide elftallen stapelen de kratjes richting plafond, de tap staat continu open en tot diep in de avond babbelen en borrelen de elftallen met het halve publiek een beetje na over de wedstrijd. Op dat moment gebeurt hetzelfde in honderd andere clubhuizen. Overal vloeit het bier (zeg nooit pils!). Het hoort erbij en het geeft de clubs een aardig zakcentje. De leden staan zelf achter de bar, dus er zijn geen personeelskosten. Zo pimpelen ze hun eigen kunstgras bij elkaar. De hockeyclub Laren heeft drie van die velden. Kan je nagaan!

Men tettert op zondagavond door tot tegen achten en daarna verlaat men luid toeterend het sportcomplex. De politie houdt nog wel eens diep in de nacht een blaastest en controleert dan alle halflamme discogangers, maar volgens mij is het effectiever om op zondagavond vanaf een uur of zeven bij de uitgang van de hockeyclub te gaan staan.

Voetballers kunnen er trouwens ook wat van, zij het dat je daar nooit met je tegenstander drinkt. Voetballers drinken met hun clubgenoten, en dat kan ook lekker oplopen. In het amateurvoetbal worden veel trainers betaald van de baropbrengst. Statiegeld dus.

En nu wil mevrouw Borst de clubs laten opdrogen en het daarmee gepaard gaande vandalisme en geweld terugdringen. Ik hoor een grote denkfout en ben bang voor juist meer geweld. Het collectieve clubzuipen is voorbij en men is weer aangewezen op de eigen koelkast, maar dus ook weer op het eigen huwelijk. Het mag toch algemeen bekend zijn dat het huwelijk van bijna alle bestuursleden gered wordt door de club. Vaak zitten beide echtelieden helemaal gemetseld in zo'n vereniging. Hij zit als secretaris in een commissietje of zeven en zij coördineert de gevonden voorwerpen, het bejaardenbridgen en het krantje nieten. Ze zijn het hele weekend, vanaf vrijdagavond zeven uur (kleuterborrel) tot zondagavond laat (senioren dweilen), onder de pannen van het clubhuis. Als zij die uren samen thuis zouden moeten doorbrengen, dan zou er een echte echtscheidingsexplosie plaatsvinden. Die mensen hebben elkaar al jaren niks zinnigs meer te melden, hebben daar door de week geen hinder van omdat ze werken en overleven het weekend dankzij de club. 's Winters hockey, 's zomers tennis. De kinderen krioelen er ook en moeten vanaf hun elfde al verplicht veterinnen fluiten. Dat heet bij hockey heel toepasselijk 'de overgangsklasse'.

En deze vluchtstrook wil mevrouw Borst opheffen. Ik smeek haar namens de hele sportwereld om het niet te doen. Zowel uit economisch als uit sociaal oogpunt zou het een ramp betekenen. Hoewel? Ik denk dat de sporters er wel weer wat op zullen vinden. Heel simpel: clubhuis opheffen, verkopen aan een lid met horecapapieren en er een officiële kroeg van maken. En die kroeg ligt dan stomtoevallig naast je cluppie. Maar toch is dat anders.

'Hun huwelijk wordt gered door het café' klinkt toch bitterder dan 'mijn ouders zijn altijd op de club'. Het is hetzelfde, maar het gaat om de woorden. Dus mevrouw Borst: alstublieft. Doe het voor die miljoenen poppenkasthuwelijken en voor heel puberaal Nederland. Die hebben namelijk weekenden lang thuis het rijk alleen. En niks is lekkerder dan dat. Ik kan het weten, want ik puber nog steeds.

INGEBEELD

Zestien miljoen flesjes Belgische Coca-Cola worden door het Zeeuwse Recy-Feed leeggegooid en het bedrijf is nog in onderhandeling over een partij van vijftig miljoen liter cola. Vijftig miljoen liter!

En volgens de experts is het wegflikkeren van het zoete goedje allemaal onzin. Belgische massahysterie. Meer niet. Ingebeelde zieken! Dat zal die directeur van dat Zeeuwse bedrijf worst zijn. Hysterie of niet, hij mag een kleine zeventig miljoen liter Coca-Cola wegspoelen. Laatst viel er bij ons in de keuken een halfvolle literfles op de vloer. Een half litertje. Vier emmers sop waren nodig om de boel weer plakvrij te krijgen. Wat een goor spul is dat.

Er gaan over Coca-Cola toch ook de meest verschrikkelijke gruwelverhalen? Buiten het feit dat je het als kruipolie kan gebruiken, schijn je er ook vlees in op te kunnen laten lossen. Dat zijn van die jongensexperimenten. Je neemt een stukje vlees, legt het een nacht in een glas Coca-Cola en de volgende ochtend is het stukje vlees weg. Misschien is het een idee om het ruimen van die twee miljoen slachthennen te combineren met het wegspoelen van de Coca-Cola. Je vult in Brasschaat het zwembad van de directeur van de Belgische Coca-Cola Company, daar stop je 's avonds twee miljoen dioxinekippen in, de volgende morgen ga je kijken en de klus is geklaard.

Zou de directeur van de Belgische Coca-Cola Company nog wel werk hebben of is hij er inmiddels door zijn Amerikaanse bazen uitgelazerd? We kunnen absoluut niet zonder u, maar we gaan het toch maar eens proberen! Hij zal wel netjes worden afgekocht, nog een tijdje in zijn stulpje kunnen blijven wonen, maar op een dag komt de verhuiswagen voor en moet de Coca-Cola-meneer terug naar de doorzon. Wie er in zijn huis komt wonen? Die man van het Zeeuwse Recy-Feed. Die heeft zo verschrikkelijk veel verdiend aan het Coca-Cola-debacle dat zijn accountant hem heeft aangeraden om zich in België te vestigen. Dat is fiscaal aantrekkelijker. En in Brasschaat kwam een leuke villa vrij. Die directeur van Recy-Feed heeft natuurlijk niet alleen gescoord met het wegspoelen van de zeventig miljoen liter cola, maar wat denkt u van driehonderdduizend kilo mayo, die nog ontpot moet worden? En al nagedacht over de zesenzeventigduizend potjes Chicken Tonight? En wat is uw mening over zeshonderdeenentwintigduizend Mora-frikadellen, die nog verpulpt moeten worden? Ja, het is mooi wonen in Brasschaat.

Misschien is dat een leuk idee voor een huis-aan-huis-enquête in Wassenaar, Blaricum, Vught en Brasschaat: je gaat al die dure huizen af en vraagt aan de eigenaren met welke viezigheid ze hun geld verdienen. Als ze tenminste thuis zijn. Misschien staat meneer op de schitterend gelegen countryclub aan zijn vrindjes het voordeel van de edele golfsport uit te leggen.

'Je voelt je één met de natuur!' Op datzelfde moment staan zijn allochtone werknemers voor een tientje per uur tot hun kruis in de dioxinemayo. Het begrip 'stinkend rijk' wordt steeds duidelijker.

Ondertussen is het graan giftig door overmatig veel Donschimmels. Die leiden tot verslechterde voedselopname, groei en afweer. Dus je hoeft niet tegen je kinderen pedagogisch te roepen: 'Niet weer cola, neem maar eerst eens een lekkere bruine boterham met kaas.'

Zéker geen kaas. Die is genetisch gemanipuleerd, zodat hij sneller rijpt. Hoe ik dat weet? Dat vertelde een vriend van mij. Hij belde vanuit zijn auto. Ik kon hem niet helemaal goed volgen. Slechte ontvangst. Dat komt omdat Libertel de zendmast bij Brunssum van een flatgebouw heeft moeten weghalen, omdat de bewoners gezondheidsproblemen kregen. Hoofdpijn, huiduitslag. Volgens Libertel zijn het ingebeelde ziektes. Ingebeelde huiduitslag!

En nu stop ik met dit stukje want ik zit Arbo-technisch gezien al veel te lang achter mijn beeldscherm te tikken en te muizen. Daar krijg je behalve een lamme arm ook weer iets ergs van. Acne-achtige hersenen of zo! Of beeld ik me dat in? Inbeeldscherm dus. Ik word krankzinnig.

HOUSE FOR SALE

Wij hadden hartstikke leuke buren, die liever niet weg wilden, maar wel weg moesten omdat hij dokter in een andere stad werd en dan moet je een beetje in de buurt van je spoedgevallen wonen. Hun huis kwam dus te koop. Hier in de buurt betaalt men op het ogenblik voor een ongevulde provisiekast met uitzicht op de kattenbak graag een half miljoen. De uitdrukking 'kast van een huis' is dan ook een totaal ander begrip geworden.

Bij mijn buren ging het om twee ruime etages, waarvan een op de begane grond, dus u begrijpt: kijkfile.

Vrijdags mocht men het huis bezichtigen en een of ander absurd bod uitbrengen. We zagen al dagen nieuwsgierige mensen dwarrelen. Ze gluurden naar binnen, draaiden zich om om het toekomstige uitzicht in zich op te nemen, overlegden luidruchtig met elkaar, keken vaak voor de gezelligheid ook bij ons even uitgebreid naar binnen, kortom: een hoop reuring op de gracht. Sommigen belden aan met de vraag of ze misschien al even een klein vooruitblikje mochten werpen, maar onze leuke buurvrouw was onverbiddelijk.

Twee dagen voor de kijkdag stond er zomaar opeens een ladderwagen van de brandweer voor het huis en ik zag mijn leuke buurvrouw met twee agenten en de brandweermannen nerveus overleggen. Ik kon mijn nieuwsgierigheid niet bedwingen en vroeg wat er aan de hand was. De bovenbuurman deed niet open. Hij nam de telefoon niet op, je hoorde zijn hond blaffen en zijn sleutel zat aan de binnenkant van zijn deur, kortom...

De brandweerman zou met een koevoet het raam op tweehoog openen, naar binnen stappen om de deur open te maken en dan was het verder aan de agenten om te kijken wat er aan de hand was. Mijn leuke buurvrouw, moeder van een peuter en een versgeboren baby, zag er duidelijk tegenop om met de agenten mee te lopen. Zij ging bij mijn vrouw koffiedrinken en ik zou de politie bijstaan. De brandweerman, die het raam opende, klemde met zijn duim en wijsvinger zijn neus dicht en zei op Amsterdamse toon: 'Die lult niet meer. Bel de GGD maar.'

Wat we aantroffen was geen carnaval. De man zat een dag of wat dood op de bank, de hond liep er enigszins hongerig omheen, maar was nog niet aan zijn baasje begonnen. Hij lust waarschijnlijk alleen blik en geen vers. Daarbij is het voor het totale beeld belangrijk om te weten dat het lieve dier zijn diverse behoeftes niet had kunnen ophouden en dat zijn baas het vlak voor zijn dood waarschijnlijk koud had, daar de verwarming op pakweg achtentwintig graden stond. De man was een dag of vijf dood. Dat zag je aan de zwarte vingers en de dikte van zijn voeten. Hij was een Canadees, woonde alleen met zijn hond en was redelijk eenzaam. Dat bleek ook uit zijn lege agenda. Het werd een behoorlijke klus om zijn familie te achterhalen. Voorlopig zou de gemeente zijn overschot in een koelcel opslaan en in afwachting van de lijkwagen drentelde ik een beetje heen en weer op de gracht.

Gelukkig, daar was alweer een iets te grage koper voor de benedenetages. Dit was een behoorlijk irritante kakker. Of ik de eigenaar was? Of hij alvast even mocht loeren? Ik legde uit dat ik daar niets over te zeggen had. Hoe groot het ongeveer was?

'Vrijdag kunt u het allemaal zien', zei ik wel tien keer. De man bleef aandringen, al mocht hij maar even om de hoek kijken, het ging alleen maar om de oppervlakte. Als een verwend kind bleef hij doorzeiken. Op een gegeven moment had ik schoon genoeg van zijn gedram en zei: 'Kijkt u anders even op tweehoog, die is qua oppervlakte precies even groot. Er zit alleen wel een lijk op de bank.'

De man lachte beleefd om de matige grap van de cabaretier en schoot als een gek de trap op. Een halve minuut later was hij terug. Lijkbleek. Nog nooit heb ik iemand zo ontdaan en verward zien kijken. Hij brabbelde wat onsamenhangends en verdween. Deze man werd niet mijn buurman.

TEKENEN

'Wat was uw leukste vak op school?'

'Tekenen.'

'En wat tekende u zoal?'

'Alles. Ik keek niet eens, ik tekende gewoon'.

'Heeft u met dat tekenen veel verdiend?'

'U weet: elke hobby kost geld, zo ook deze!'

'Hoeveel?'

'Valt wel mee. Voorlopig 47,5 miljoen, maar dat geld is van de overheid, dus is het van niemand!'

'Een soort BKR dus?'

'Zo mag u het noemen!'

Aan het woord is Commissaris van de Koningin mevrouw Leemhuis, die er thuis achter kwam dat haar man al tien jaar een jonge, blonde vriendin had. Ze schrok wel, tot haar man haar een papier liet zien waarop ze hem persoonlijk toestemming voor zijn buitenechtelijke escapades gaf. Verder stond het huis niet meer op haar naam, had ze haar hele banksaldo aan haar zoon overgemaakt, de auto stond al drie jaar op naam van haar schoondochter, net als de caravan en de zeilboot en ze moest binnen vierentwintig uur de echtelijke woning verlaten. Daarbij las ze dat ze zichzelf een voorlopig straatverbod van vijf jaar had opgelegd. Had ze allemaal getekend, de schat. Snikkend staat ze in het halletje en smeekt haar man of ze in elk geval nog even haar koffer mag pakken. 'Niks koffer,' brult hij en hij leest hardop voor: *Hierbij verklaar ik, Ir. Joan Leemhuis-Stout, dat ik met spoed het huis, waar ik jaren gelukkig gewoond heb, zonder ook maar iets, behalve mijn handtas met daarin een zakdoek en een rol pepermunt, fluitend zal verlaten. Was getekend, Joan Leemhuis.*

Dolend door Den Haag belt ze aan bij een vriendin, die haar hardhandig de deur wijst en een brief onder haar neus houdt waarin staat dat ze na haar scheiding geen van haar vrienden of vriendinnen zal lastigvallen.

'Van wie is die brief?' huilt ze.

'Van jou,' zegt de vriendin en knalt de deur voor haar kapot gesnoten neus dicht. Ook bij andere kennissen wordt ze geconfronteerd met hetzelfde schrijven. Ze valt neer op een bankje in het Zuiderpark en leest een van de grond geraapte krant. Daarin wordt ze door een flauwe columnist hardhandig aangepakt en de man vraagt zich hardop af waarin onze Joan nou eigenlijk ingenieur is. Is ze Ir. of Ing? Ze is Ir., maar ze speelt voor ING. Ze vindt de grappen flauw en voelt zich absoluut niet verantwoordelijk. Daarbij hebben alle statenleden zitten tukken: het bankieren van de provincie zorgde ervoor dat de balans meer dan een derde langer was. Niemand had het gezien. Verder had accountant Ernst & Young alles goedgekeurd. *Ernst & Young* is in dit geval ook een naam om lang over na te denken. Maar de accountant heeft al laten weten dat je je van zo'n financiële commissie niet te veel moet voorstellen. Daar zitten mannen in met de achternaam Hieltjes. Als André van Duin een lullig type moet spelen dan noemt hij hem Hieltjes.

Maar goed, daar zit ze op haar bankje in het Zuiderpark en ze weet dat ze verder een zwervend bestaan moet leiden. Ze doet nog een poging om een bijstandsuitkering aan te vragen, maar de ambtenaar toont haar een document, waarin ze verklaart haar leven lang af te zien van overheidssteun. *Ik heb de staat al genoeg gekost* is de laatste zin in de door haarzelf getekende brief.

Over een paar jaar zien we haar, een supermarktwagentje

voortduwend, door de stad sjouwen. Ze zoekt iets eetbaars in de prullenbakken bij de McDonald's en wordt bekeurd wegens landloperij. Als de agent haar naam vraagt, antwoordt ze: Leenhuis, Joan Leenhuis.

ALLES KIDS

Nu hoorde ik weer het droeve verhaal van een vriendin wier zoontje was uitgenodigd op een verjaardagspartijtje in een villa in het chique Amsterdam-Zuid. De ruftend rijke ouders van de jarige job waren nog te besodemieterd geweest om even een paar stukken ontbijtkoek aan een touwtje te rijgen en hadden daarvoor een *kindervermaakbureau* ingehuurd. Dit is een Goois bedrijf dat voor negenhonderd gulden, inclusief BTW, het verjaardagspartijtje van je jarige zoon of dochter regelt.

Het schijnt dat heel Aerdenhout, Blaricum, de grachtengordel en andere kakkersbroedplaatsen gebruik maken van dit slimme bedrijfje.

Alles is te koop. Het zoontje van mijn vriendin werd in een camouflagepak gehesen en mocht meedoen aan een survival, zeg maar: *Kosovootje spelen*. De week daarop had hetzelfde mannetje weer een partijtje, bij de buren van het survivalvriendje. Deze mensen hadden gezien hoe leuk het de week daarvoor bij de buren was gegaan en die hadden hetzelfde bureautje ingehuurd. Nu werd het een piratenparty.

Voor de grap heb ik het bedrijfje maar eens gebeld en een folder aangevraagd. Het repertoire loopt van *Magic* tot *Boeven* en van *ShowBizz* tot *Heksen*. Volgens mij mag je ouders die te belazerd zijn om zich persoonlijk te bemoeien met het partijtje van hun jarige kind, onmiddellijk uit de ouderlijke macht ontzetten. Volgens mij moet je ze ook onmiddellijk hun geld afpakken, omdat ze er niet mee om kunnen gaan. Ondertussen weet ik ook dat dit stukje in de krant averechts werkt. Veel kakkers denken tijdens het lezen: ik wist helemaal niet dat er zo'n bureautje bestond, maar dat is een goed idee voor het partijtje van onze Bart-Jan.

Ik voorspel nu al dat de telefoon van het Gooise bedrijfje vanaf maandag gloeit. Wat is nou negenhonderd gulden? Je houdt toch van je kind en liefde is nou eenmaal niet in geld uit te drukken. Als ze achttien wordt krijgt ze een cabrio en als ze gaat studeren koop je een appartement aan een van de Amsterdamse grachten. Ze heeft uiteraard al een paard.

Een van de sappigste oudersverhalen stond afgelopen donderdag in deze krant. Het ging over een meisje van vijf, van wie de ouders zo dom zijn dat het kind, op het moment dat ze haar veters kon strikken, door hen tot *hoogbegaafd* werd gebombardeerd. Vader draagt nog altijd instappers. Ze wist op haar vierde al het verschil tussen uren en dagen en dat was voor papa en mama een mooie reden om het kind een klas over te laten slaan. De schoolleiding was iets minder overtuigd van de brille van de kleine en weigerde, dus schakelden papa en mama de rechter in. Die doet binnenkort uitspraak.

Ik kreeg al de slappe lach toen ik las hoe de lieverd heette: Frédérique. Ik weet dat het een zinloos vooroordeel is en dat het niks met de zaak te maken heeft, maar toch is mijn plaatje compleet. De chique Bussumse buurt *Het Spieghel*, de uiterst nette Gooilandschool (waar in mijn jeugd het kakkerskaf werd geparkeerd) en dan de ouders met de in hun kringen buitengewoon intelligente Frédérique.

Ik heb nu al medelijden met het meisje. En helemaal met de juf die het schaap in haar klas heeft. Die ziet natuurlijk ook hoe zielig het voor het meisje is. Het begint redelijk slim en eindigt als wrak.

Zelf ben ik gezegend met twee ongelooflijk domme nazaten. Zowel mijn zoontje als mijn dochtertje doubleerde op de kleuterschool. De een knipte met de lijmpot en de ander plakte met de schaar.

Ik vind domme kinderen juist een zegen. Nu kan ik ze tenminste een beetje bijbenen. En het leukste vind ik hun verjaardagspartijtjes. Weken sta ik spekkies aan dropveters te rijgen, zet hele speurtochten uit en verzin de meest vrolijke spelletjes. Ik kom amper aan mijn werk toe. Mocht de rechter de kleine Frédérique uit voorzorg bij haar ouders weghalen, dan adopteer ik het meisje graag. Ze krijgt het heerlijk, voelt zich elke dag jarig met een door mij versierd partijtje en blijft dommer dan dom. Maar één ding garandeer ik: ze wordt gelukkig. Ze wordt ziels- en zielsgelukkig. God, wat wordt dat kind gelukkig. Net als ik.

SPELEN MET JE LEVEN

De zon schreeuwt ons bruin aan de Belgische kust, maar dat is niet alles. Afgelopen dagen blies er ook nog een heerlijke storm langs het strand. Windkracht acht en dan ook nog zee-inwaarts. Dus de zee trok als een ouwe nicht en maakte het zwemmen gevaarlijker dan gevaarlijk.

Mijn zoontje (8) kon zich amper staande houden en werd binnen de kortste keren richting Engeland getrokken. Hij kraaide van plezier.

Eén keer moest de plaatselijke reddingsbrigade ingrijpen en mijn dochter (10), die het ritueel downhill mountainbiking gadesloeg, vond het cool kicken. Mijn neefje (11) had alles deltavliegend aanschouwd en ook hij vond het vetter dan vet. Zelf was ik er helaas niet bij. Mijn vrouw en ik waren laagwaterkarten in Oostende. Dat is karten op een gladde, levensgevaarlijke weg, waarop een dun filmpje water ligt. Eén stuurfout en het is met je gedaan. Vorig jaar zijn er, alleen al hier in België, vier doden bij deze sport gevallen en dat maakt het voor ons des te aantrekkelijker.

Jaren waren wij dat sullige windschermgezinnetje. Beetje jeu de boules, potje beachballen en dat was het dan. Mijn vrouw las in die jaren regelmatig een boek. En erger nog: vaak een redelijk dikke pil. Dus dan zat ze zo'n dag of wat onder haar parasolletje te zwijgen. Hooguit een keer per dag kreeg je haar mee het water in, maar voor je het wist lag ze alweer saaie letters te vreten op de stretcher. De avonduren vulden wij met een ijsje en een bejaard potje midgetgolf. Geeuwers waren we.

Een paar jaar geleden is het hier in België begonnen. Ik was de sleutel van ons appartement vergeten en belde bij de buren aan met de vraag of ik even van hun balkon op ons balkon mocht overstappen. Dat mocht. Toen maakte ik een misstap en voor ik het wist hing ik zeven meter boven de grond aan de reling van het balkon te bungelen. Op wat spierstress na liep dat goed af. Was wel kicken. Veel aandacht in de buurtsuper, nog een stukje met foto in de plaatselijke gazet gehad en ik ben op drie lokale radio's geweest. Ik kon het survival-gevoel aan niemand uitleggen, maar wist wel: hier moet ik meer mee doen.

Toen bleek je in Blankenberge te kunnen bungeejumpen. Niet gewoon jumpen, maar zogenaamd risico-jumpen. Dat doe je vanaf een afgekeurde hijskraan. Dus het is een beetje Russisch roulette als je springt. En dat is kicken. Zo'n lullig gepatenteerd elastiekje met door de overheid goedgekeurde sluitingen aan het Amsterdamse IJ is goed voor de EO-landdag. Er moet een risico aan verbonden zijn, en dan kom je al gauw bij een afgekeurde Belgische hijskraan terecht. Hij staat op knappen en dat is de kick.

Tegenwoordig spring ik met mijn zoontje los in mijn armen. Ongeborgd uiteraard. Het zou kunnen dat ik door de schok het ventje loslaat, maar dat weet het mannetje en ook hij vindt dat juist heerlijk. Het leven is toch zinloos, dus speel er mee! Mijn vrouw mag die sprong graag zien en knuffelt het mannetje na afloop keer op keer bijna dood. Raften is voor ons gesneden koek, abseilen is voor mietjes, tokkelen is een watjessport, dus blijft er weinig over. Ook in ons normale maatschappelijke bestaan zijn we wat avontuurlijker geworden. Zo had ik onlangs ons banksaldo en de saldi van diverse tuttige Aegon-spaarrekeningetjes ingezet in zo'n piramidespel. Alles kwijt, maar door wat spielerei op de optiebeurs heb ik toch alweer redelijk wat terugverdiend. Vreemdgaan zonder condoom doen mijn vrouw en ik overigens standaard. Liefst bij de gemeentelijke afwerkplaatsen. Zij als hoer, ik als klant. En niet met elkaar natuurlijk. Dat zou flauw zijn.

Volgend jaar gaan wij naar Eritrea. Wat wij daar gaan doen? Een honger-survival! Zonder eten en met heel weinig drinken overleven. Die sport is daar onder de bevolking razend populair. Lijkt me heerlijk.

Het is 1999, kortom: je moet wat! En als we ons vervelen kijken we naar de canyoning-beelden van afgelopen week. Twintig doden, da's pas cool. En dat zien met een stevige honger. Heerlijk!

ZWEEFTREIN

Nou is er weer een consortium van snelle zakentypes dat een zweeftrein tussen Amsterdam en Groningen wil. Waarom? Gaat sneller! Bij een zweeftrein moet ik allereerst aan *Oibibio* denken. Ik weet wel dat dat doodzieke bedrijfje sinds de doorstart anders heet, maar ik blijf het *Oibibio* noemen. Zo las ik dat *Nutricia* ook een nieuwe naam heeft, maar voor mij blijft het lekker *Nutricia*. Christina heet bij ons thuis ook nog steeds Marijke.

De zweeftrein komt uit Duitsland. Het zijn betonnen liggers op palen en daar zoeft een trein overheen. Dus stel je voor: tweehonderd kilometer landschapsvervuilende palen met daarop zo'n supersonisch treinstel dat je in 42 minuten van Amsterdam naar Groningen brengt. Maar ik wil helemaal niet in 42 minuten naar Groningen. Daar is Groningen veel te leuk voor. En alles wat leuk is moet niet binnen het uur bereikbaar zijn. Daar moet je iets meer voor doen. Poëtisch boemelen, boekje erbij, landschap zien verglijden, even wegdommelen en zacht pruttelend filosoferen over de liefde, de dood en andere hinderlijke hordes in het leven.

Het te snel willen reizen is het McDonald's-denken, het magnetroniseren van de maatschappij. Eten moet met zorg gekocht, goed schoongemaakt, rustig gekookt en vooral in rust opgegeten worden. Dan smaakt het het beste. Voor vitamines moet je een sinaasappel uitpersen en voor kalk moet je melk drinken. Natuurlijk kan je dat ook allemaal in potjes krijgen, maar dat is niet goed. De firma Nutricia wil voor 5 miljard (= 263 Machlassen) een Amerikaans pillenpaleis kopen en meneer Van der Wielen, de directeur van de Zoetermeerse babysmurriefabrikant, heeft al aan de pers uitgelegd dat hij heel Europa aan de pillen en de voedings-supplementen wil hebben. Dus je scoort een Big Mac voor drie piek, denkt dat je goedkoop uit bent en je gooit thuis nog eens voor een gulden of acht vitamines en andere rommel in je mik. In de Verenigde Staten is antioxidant erg populair. Dan gaan je cellen niet roesten. Misschien is het een idee om vanuit de Zoetermeerse fabriek een pijpleiding door het land te trekken. Een soort voedselkabel. En dat je je in overleg met je huisarts abonneert op een pakketje dat dagelijks vloeibaar uit een kraan komt. Dus wat vitamines A, B en C, een vleugje epo voor beter bloed, een snufje Mogadon voor lekkerder slapen, een slokje fluor voor het gebit, een puntje Zocor tegen de cholesterol, een toefje Prozac tegen hoofdherfst, een milligrammetje knoflook tegen de puistjes en op vrijdag een beetje ginseng omdat in het weekend de liefde bedreven moet worden. En elk gezinslid pakt met zijn pincode zijn eigen slokje. Dus je hebt geen kans op ongelukken. Moest gisteren denken aan de driejarige kleuter die per ongeluk mama's abortuspil voor een snoepje aanziet. Het Nutricia-pakket kan je uiteraard bestellen per internet, of liever: uitslúitend per internet.

Maar even terug naar de zweeftrein en waarom Groningen een beetje moeilijk bereikbaar moet blijven. Groningen is de leukste studentenstad van Nederland. Groninger studenten gaan in het weekend niet tuttig naar huis zoals de randstedelijke bleekneusjes, en daarom schuimt de stad zeven dagen per week. Als de reistijd nog maar 42 minuten is dan krijg je van die ouders die willen dat hun zonen en dochters in het weekend naar huis komen om hun mislukte huwelijk op te vrolijken, en om dat te voorkomen was de student juist in Groningen gaan studeren.

We moeten niet sneller willen reizen. We leven al snel genoeg. Als de zon zo fel schijnt als vandaag moet je de markiezen naar beneden doen. Sinds gisteren heb ik die dingen. Vele zomers zaten allerhande chronisch verkouden types tegen me aan te zeuren dat ik airco moest nemen. Eén druk op de knop en je bent klaar. Heerlijk een zomer lang met de deuren dicht omdat de airco aanstaat. Donder toch op. Gewoon markiezen! Elektriek? Nee, met een touwtje. De zon blijft buiten, de kamers worden prachtig gefilterd belicht en aan de achterkant is ons huis nu net een klein Italiaans ziekenhuis of een Frans bordeel in de campagne. In mijn fantasie kies ik voor het laatste en zweef treinloos naar binnen om lekker te gaan eten.

THOMAS RAP

Thomas Rap was mijn uitgever, maar eigenlijk spraken we zelden over werk. Dat deed ik met iemand van de uitgeverij. Met Thomas had ik het over andere dingen. Vooral over zaken waar je hard om kon lachen. Mensen dus. Mensen in het openbaar. Aanstellerige schrijvers, geparfumeerde acteurs, hysterische televisietypes, foute voetbalbonzen, jokkende politici en ga zo maar door. Thomas had een hekel aan alles wat onecht was. Mensen die iets speelden kwamen er bij hem niet in. Bij Thomas moest je een beetje jezelf zijn. Daar hield hij van.

Hij was uitgever in hart en nieren: een kamer in de Amsterdamse Staalstraat, een paar medewerkers en vrolijk buffelen. Vooral vrolijk. Thomas bedacht de boeken, benaderde de auteurs, lanceerde de ideeën en scharrelde zo een uiterst interessant fonds bijeen. Alles door elkaar, een bonte lappendeken. Rare kaarten, gewaagde debutanten, veel interessante sportboeken, de maffe schminkcursus en het vrolijke postzegelalbum van Joost Veerkamp, een doos met foto's van W.F. Hermans tot en met een uiterst curieus boekje over het gebruik van de afwasborstel. Dat maakte zijn uitgeverij zo leuk. Geen hoog literair gewauwel, geen ontoegankelijke poëzie, maar allerhande zaken die de mensen van binnen vrolijk stemden. Hij had het zelf ook graag leuk, dus waarom een ander niet.

Ik was zestien toen ik met drie schriftjes puberpoëzie naar de Amsterdamse Spuistraat toog. Ik dacht dat het wel uitgegeven kon worden en zie mezelf nog de trap opgaan. Ik kwam in een kamer vol stapels: boeken, kranten, tijdschriften en stapels ondefinieerbare rotzooi. Hij moest wel lachen om zo'n beetje brutaal joch, bladerde door het literaire fröbelwerk, zei dat hij het zou lezen en dat ik zeker wat van hem zou horen. Drie weken later kwam alles terug. Volgens hem was het veel te broos om te drukken, maar toch: doorgaan! Dat was het devies. De brief was vooral aardig. Niks voorgedrukt stenciltje met een beleefde sodemieter-op-tekst erop, maar een oprechte, zelf geschreven, bemoedigende brief aan een zestienjarig probeerschrijvertje. Vijftien jaar later belde hij. Hij had me op televisie gezien, vond me wel een komisch kereltje en vroeg of ik een keer iets wilde schrijven. We spraken af voor een broodje en binnen twee kruimels klikte het. Hij werd mijn uitgever. Zijn uitgeverij was op dat moment ondergebracht bij Elsevier en huisde niet meer in een kamer, maar in dat verschrikkelijke *Rivierstaete* aan de Amstel. Zo'n accountantsbunker. Later werd hij verkocht aan De Boekerij en zat hij in een soort kantoortuin. Vreselijk. Thomas moest niet in een kantoortuin, maar in een stapelkamer. Op een dag belde hij mij. Hij wilde weer voor zichzelf beginnen en of ik met hem mee wilde. Graag! Het werd de Staalstraat en het werd de uitgeverij zoals elke jonge jongen hem droomt. Beetje rotzooi, nooit helemaal op orde, een fax op kolen, een computer op oliestook, weer heel veel stapels en vooral gezellig, verschrikkelijk gezellig. Net zo gezellig als Thomas Rap zelf, de aardige, dromerige jonge jongen die hij zijn leven lang gebleven is. De meeste mannen van vijfenvijftig gaan tuttig vutten. Thomas Rap begon opnieuw!

Nu ook de uitgeverswereld steeds afhankelijker is van gewiekste marketingmodellen en harteloze Nijenrode-managers, was het een feest om bij een uitgever zonder GSM te zitten.

In juni 1998 werd hij ziek en moest hij noodgedwongen

stoppen met zijn werk. In november hoorde hij hoe ernstig het was en verkocht hij de uitgeverij. Imposant groot heeft hij zijn lot gedragen. Nooit heb ik hem horen klagen, en de eerste vraag die hij stelde als je bij hem op bezoek kwam was: 'Hoe gaat het met jou?'

Nederland verliest in Thomas Rap een zeer bijzondere uitgever, die alle brieven ondertekende met het oprechte *Zon op al je wegen.*

Op 30 juli '99 hebben wij hem in kleine kring begraven. De zon stond hoog aan de hemel en bescheen zijn laatste weg op deze aarde. Terecht. Omdat ik met mijn uitgever ook nog een van mijn beste vrienden verloor, heb ik de afgelopen dagen mijn ogen uit mijn kop gejankt, maar dat is privé en dat gaat, zoals Thomas altijd zei, de mensen niets aan. Goede Thomas, diepe buiging en heel veel dank-jewel voor vijftien prachtige jaren.

INHOUD

COLOFON

ZATERDAG van Youp van 't Hek werd in de herfst van 1999,
in opdracht van Uitgeverij Thomas Rap te Amsterdam,
gezet en gedrukt bij Knijnenberg Boekproducties te Krommenie.

Deze columns verschenen eerder in NRC Handelsblad.
Omslag en typografie: Rudo Hartman, Den Haag

Eerste druk oktober 1999
Tweede druk november 1999

ISBN 90 6005 578 0